麹町中校長が教える

子どもが生きる力をつけるために親ができること

千代田区立麹町中学校長
工藤勇一

JN228787

かんき出版

はじめに

はじめまして。

東京都にある千代田区立麹町中学校で校長を務める工藤勇一と申します。

麹町中に赴任してから6年目、教員生活36年目の秋を迎えています。

麹町中は、公立中学が次々と学校改革をおこなっているとして、ありがたいことに数多くのメディアに取り上げていただいています。おかげさまで、たくさんの応援の声や講演依頼、お問い合わせもいただくようになりました。

ご存じない方のために麹町中がおこなってきた改革を簡単にご紹介すると、大きなところでは宿題、定期テストの廃止。そして固定担任制を撤廃し、全員担任制を導入しました（決まったクラス担任はいません）。

服装頭髪指導もおこなわないので、初めて聞く方は、びっくりされるかもしれません。

これらの改革は、行き当たりばったりでおこなっているのではなく、私が教員生活のなかで「学校は何のためにあるのか」を考え続け、その答えとして実践していることです。

私はつねづね、今の日本の学校現場では、「本当の目的」が見失われているように感じてきました。

毎日のように大量に出される宿題。とりあえずいい点を取るためにその場しのぎの勉強で乗り切る定期テスト。誰に読まれるかもわからない読書感想文。教室では「みんな仲良く」と和が重んじられ、礼節や忍耐が美しいとされる。

それらが必要ないということではありません。

でも、はたして、「一番大切なこと」と言えるでしょうか?

世の中にはさまざまな人間がいます。ですから、学校にもさまざまな子どもたちが集まります。

なかには、発達に特性があって落ち着きのない子や、読み書きが苦手な子、目や耳の不自由な子もいます。

とくに、発達に特性のある子の多くは、人と仲良くすることや、礼儀正しく振る舞うこと、目と目を合わせて話をすること、我慢をすることが苦手という特徴を持っています。

しかし、そのどんな子どもに対しても、「社会でよりよく生きていく力」を掘り起こし、伸ばしていくための場所が、学校だと思うのです。

「宿題をやること」や「いい点数を取ること」は、社会でよりよく生きるための力をつけることにつながるとは限りません。

今、社会は技術革新のスピードが速く、経済構造がどんどん大きく変わっていく時代に突入しています。

数人で立ち上げた小さな企業が5年後には大企業になっていたり、反対に大企業が急速に事業を縮小したりと、何が起こるかわかりません。

こういった時代を生きていくためにもっとも必要なのは、「自ら考え、自ら判断し、自ら行動する資質」。

これを私は「自律」と定義しています（経済的自立や、親元から自立するなどの「自立」ではなく、「自分をコントロールする」意味の「自律」で、それは経済的自立のできない子どもであってもできます）。

一方で、従来の学校で重視されてきたのは、礼節や忍耐、そして協調。「これをやれ」「あれはだめ」ばかりで、「自律」を促すどころか、子どもたちの主体性を奪ってしまっていたのです。

家庭も同じです。自ら考え、判断し、行動する子どもになってほしいと願うのであれば、親は子どもに手をかけるポイントをきちんと見極めていかなければならないでしょう。

私も教師である一方で、実生活では2人の息子の父親です。長男も次男も成人し、独立して家を出ました。

学校改革をおこなった麹町中の校長、というメディアでの私のイメージから、厳格な父親であると想像されることも多いのですが、実は、家での私はまったく違います。

子どもたちに向かって厳しく真面目に何かを説いた記憶はほとんどありませんし、子どもと一緒にバカげたことをやって笑い合うような日々を過ごしました。

そして、私もみなさんと同じように、悩みながら子育てをした親の一人です。

本書を制作するにあたり、自分の子育てを振り返ってみましたが、それが合っていたのか間違っていたのか、まったくわかりません。

教師として生徒たちに接するときにはプロ意識がありますから、みなさんに自信を持って語れることもありますが、一方で父親としてどうだったかと言われると、苦笑するばかりです。

今考えると、妻にとって私は、自分勝手な3番目の息子のような存在だったでしょう。それにもかかわらず、たくましく育ってくれた息子たちには感謝しかありません。


ただ、私は教員生活のなかで多くの子どもたちと一緒に過ごしてきましたから、そのなかでの知見はみなさんの子育ての参考になるかもしれません。

また、長く子どもたちを見てきた経験から、時代の大きな転換点を迎えている現代において、「学校の本当の目的」と同様に、「子育ての本当の目的」を考え直さなくてはならない時期が来ていると思っているのも事実です。

本書では、みなさんとともに「子育ての本当の目的」を考えてみたいと思います。

どこから読んでもいい構成にしてありますので、もくじのなかで気になるところから読み進めていただいても構いません。

なお、はじめに強くお伝えしておきたいことは、本書は子育てのハウツー本ではないということです。

ダメ父親の私が言うことですから、反面教師として読んでいただいて結構です。実践できずに「自分はだめな親だ」と落ち込んだり蔑んだりすることは、絶対にしないでいただきたいのです。

子育てで一番大事なのは、親子が幸せな関係であることです。

立派な親でなくてもいいのです。

「あなたを誰より大事に思っているのは、私だよ」と心のなかで思えていたら、それだけでいいとすら思います。

本書が不安を抱えて育児に奮闘するみなさんの心を、少しでも軽くするものであることを願います。

もくじ

はじめに——002
01 子どもはもともとは主体的な生き物——014
02 手をかけないほど、子どもは自律する——018
03 不幸になるなら「理想の子育て論」はいらない——024
04 子どもは思うようには育たない——030
05 どんな環境でも挑戦できる強い脳はつくれる——036
06 親はいい加減くらいでちょうどいい——042
07 親密な親子関係が幸せとは限らない——048
08 子どもの問題は大人が勝手につくっている——052
09 あえて言葉にしないほうが、うまくいくこともある——058

10 親が社会を否定してはいけない——062
11 本当の厳しさとは「信用」——066
12 ゆとりのない経験こそが、ゆとりの心を育てる——072
13 1等賞は称えない——076
14 なんでもかんでも叱らない——080
15 叱るときは「子ども基準」で考える——084
16 言葉や態度にしなければ、想いは伝わらない——088
17 子どもを変える「タイムマシン・クエスチョン」——092
18 差別する心は消せなくても、差別しない行動はできる——096
19 嘘も大切なコミュニケーションスキル——100
20 偽善者でいいんだ——104

21 ゲームに夢中なときだって、生きる道を見つけるチャンス――108
22 食べ物の好き嫌いがあったっていい――114
23 汚い言葉遣いから、「言葉がどう伝わるか」を考えさせる――118
24 友達が多いか少ないかは、たいした問題じゃない――122
25 「習いたがる子」をつくらないことが、子育ての本質――128
26 家庭学習の習慣は、子どもの時間を奪うだけ――132
27 特性に縛られすぎてはいけない――136
28 読み書きが苦手でも、活躍する道は必ずある――144
29 学べる場所は、学校だけじゃない――152
30 「読解力」より「伝える力」を磨こう――160
31 受験に失敗したときこそ淡々と過ごす――164

32 学校からの呼び出しは、子どもを「叱る」ためじゃない――168
33 約9割の子どもがいじめ加担者――174
34 いじめは客観的事実で解決に導く――180
35 本来、子どもは未熟なもの――188
36 遠慮なく学校、教育委員会と連絡を取ろう――194
37 全員が当事者になることで教育が変わる――198
おわりに――204

ブックデザイン：藤塚尚子（ｅ ｔｏ ｋｕｍｉ）
ＤＴＰ：ニッタプリントサービス
編集協力：上野郁美
著者近影：榊智朗

01

子どもはもともとは主体的な生き物

麹町中がメディアで取り上げられるようになってからは、麹町中のことを夢のような学校、エリートをつくる学校だと思っている方が少なからずいらっしゃると感じています。

かつては名門公立校と言われていましたから、その影響もあるのかもしれません。

しかし、それは勘違いです。

麹町中の1年生を見たらみなさん驚かれるでしょう。授業中に席を立つ子、寝ている子は珍しくありません。教室にいられずに廊下で勉強している子だっています。

入学してきたばかりの生徒のなかには、勉強をしたくない、先生を敵だと思っている、親も嫌だ、友達も信じられない、人生がおもしろくない……とにかく人の批判ばかりをしている、主体性を失った子どもたちが大勢います。

麹町中では、そうした子どもたちを約1年半の時間をかけてリセットする作業をしています。リハビリと言ってもいいかもしれません。

時間はかかりますが、3年生にもなると、ほとんどの子がとてもおだやかな顔つきになり、大人をよく信頼してくれるようにもなります。

勉強にも行事にも意欲的に取り組むなど、主体的になっていくのです。

「主体的になっていく」というのはおかしな表現で、「主体的に戻っていく」というほうが正しいかもしれません。

なぜなら本来、生まれたばかりの子どもは主体的なのです。

赤ちゃんや幼児は、いろいろなことに興味津々です。見えるもの、触るもの、動くもの、食べるもの……、なんにだって興味を示し、やりたがります。

赤ちゃんや幼児が、何かに夢中になっている姿は、主体性を持って生きている証拠です。

しかし、幼稚園や保育園、小学校と進んでいくとどうでしょうか。

「言うことを聞きなさい」「座っていなさい」「みんなで仲良くしなさい」……こんなことを大人から言われ、主体的な行動は悪いことと言わんばかりに禁止されます。

次第に「大人の言うことを聞く子がよい子」という価値観が大きくなり、子どもたちは主体性を失っていくのです。

こうした子どもには特徴があります。

失敗や何かうまくいかないことがあると、その理由を人のせいにするようになるのです。

まとめ

子どもの主体性を取り戻していくことが必要

「はじめに」でお伝えした通り、これではこれからの時代を生き抜けません。

一つの道を示し、これが正しいのだと子どもを引っ張っていくのをやめ、見守っていれば、もう一度子どもは本来の主体性を発揮するようになるでしょう。

02

手をかけないほど、子どもは自律する

ちょっと想像してみてください。

幼い子どもたちがたくさんいる公園の場面です。

AちゃんとBちゃんが砂場で遊んでいて、AちゃんがBちゃんのおもちゃを取ってしまいました。Bちゃんが「返して」と言っても、Aちゃんはなかなか返してくれませんでした。

次の日、またAちゃんとBちゃんが砂場で遊び始めます。AちゃんはBちゃんに「おもちゃを貸して」と言います。

でもBちゃんは、前日のことがあるので貸したくないと思い、かたくなに貸そうとしません。それでAちゃんとBちゃんがけんかになります。

けんかの場面だけ見た親御さんは、「貸してあげなさい」「けんかはだめよ」「仲良くしなさい」と言ってしまうのではないでしょうか。

しかし、この場面でAちゃんは「おもちゃを返さなかったら、次の日、貸してもらえなくなる」、Bちゃんは「Aちゃんはおもちゃを返してくれないことがある」ということを学んだのであり、それは大事な社会性です。

大人が介入せずに放っておけば、AちゃんもBちゃんも相手の子とどうやりとりをするか、交渉をするか、違う場所で遊ぶか……などを自分で考えるはずです。

みなさんも、まだ幼い子どもを連れて公園デビューをするとき、「お友達と仲良くね」と声をかけなかったでしょうか。

友達のおもちゃを取ってしまったり、奪い合いになりそうになったりしたときに、トラブルを未然に防ごうと「取り合いになるならやめようね」「貸してあげて偉かったね」などと、さまざまな言葉をかけすぎたということはありませんか。

しかし、**子どもたちはこういったトラブルのなかで、自然と多くの社会性を学び、「自分で解決する」という意識を持つのです。**

親が介入を続けていれば、「大人がいなければトラブルは解決できない」という認識の子どもに育ってしまうでしょう。

子どものやりとりを見守れないのは、親同士に「子どもを自律させよう」という上位目標の合意形成がないからです。

江戸時代は、子どものトラブルに親が介入しないのは当たり前のことでした。何か問題が起こったときには、子ども同士で解決させていたのです。

しかし現代は、「その場でトラブルが起きないこと」が目的になっています。公園では「親が目を離さないようにする」ことが一番に求められているのだとか。子どもが人生で最初に出合う社会が、公園であることが多いでしょうから、社会性の勉強だと思って、大人は一歩下がって見守りたいものです。

親は子どもにずっとついていくことはできません。

お子さんが社会に出て、誰かと意見が対立したとき、親が仲裁に入ることはできるでしょうか？

社会には自分の言うことを聞いてくれない人だっていますが、そういう人たちと関係性をつくっていかなくてはいけません。親がその手助けをできるでしょうか？

そんなことはできません。

みなさんも気付いているはずです。

親はなるべく子育てに手をかけてはいけないのです。

必要以上に手助けをしたり、障壁を取り払ったりするのではなく、子どもが自らその壁を乗り越えることができるよう、たくさんの失敗と成功を重ねる姿を見守らなければならないはずです。

それは放任とは違いますし、過剰に突き放すことでもないでしょう。

また、成長段階や状況によって、必要な支援の形も違いますから、子どもたちの様子を見ながら程度を見極めなくてはなりません。

学校教育でも子育てでも、根本は同じです。

変化の激しい時代はもうすでに始まっています。

今までの時代のように指示を待ったり、人のせいにしていたりするような余裕はありません。

自分で考え、試行錯誤するような人間でなければならないのです。

甘やかして精一杯に手をかけておいて、あるとき急に「一人で生きなさい」「自律しなさい」と突き放す。これでは子どもたちが困ってしまいます。

親は、いつ子どもを手放すかを逆算して、それぞれのフェーズに合った子育てをすべきではないでしょうか。

まとめ

子どもをいつ手放すかを逆算しながら子育てしよう

03

不幸になるなら「理想の子育て論」はいらない

みなさんは「子は親の鏡」という詩をご存じでしょうか。

この詩はドロシー・ロー・ノルト博士が書いた『子どもが育つ魔法の言葉』（PHP研究所）という本におさめられています。

私がこの詩を知ったのは今から25年ほど前。当時は加藤諦三氏の著書『アメリカインディアンの教え』（扶桑社）のなかに「子供たちはこうして生きかたを学びます」という題名で紹介されていました。以下にその内容をご紹介します。

子は親の鏡

けなされて育つと、子どもは、人をけなすようになる
とげとげした家庭で育つと、子どもは、乱暴になる
不安な気持ちで育てると、子どもも不安になる
「かわいそうな子だ」と言って育てると、子どもは、みじめな気持ちになる
子どもを馬鹿にすると、引っ込みじあんな子になる
親が他人を羨んでばかりいると、子どもも人を羨むようになる

叱りつけてばかりいると、子どもは「自分は悪い子なんだ」と思ってしまう
励ましてあげれば、子どもは、自信を持つようになる
広い心で接すれば、キレる子にはならない
誉めてあげれば、子どもは、明るい子に育つ
愛してあげれば、子どもは、人を愛することを学ぶ
認めてあげれば、子どもは、自分が好きになる
見つめてあげれば、子どもは、頑張り屋になる
分かち合うことを教えれば、子どもは、思いやりを学ぶ
親が正直であれば、子どもは、正直であることの大切さを知る
子どもに公平であれば、子どもは、正義感のある子に育つ
やさしく、思いやりをもって育てれば、子どもは、やさしい子に育つ
守ってあげれば、子どもは、強い子に育つ
和気あいあいとした家庭で育てば、
子どもは、この世の中はいいところだと思えるようになる

『子どもが育つ魔法の言葉』（PHP研究所）
ドロシー・ロー・ノルト、レイチャル・ハリス／石井千春＝訳　より

今読み返してみても、本当に素晴らしく、その通りだとうなずける内容です。この詩を知った当時、教師としても父親としても新米だった私は、自分の行いを大いに反省したものです。

しかし、ここではあえて、この詩のメッセージとは反対のことをお伝えしたいと思います。

親が「こうあらねばならない」と考えすぎてはいけません。理想の親の姿を追求することが、親子の幸せに結びつくかというと、必ずしもそうではないからです。

むしろ「あれが悪かったかも……」「こうすればよかったかも……」と自分自身を後悔しすぎたり、卑屈になったりする姿は、子どもにとってけっしていいものではあ

りません。

「私がこうなったのは、親のあなたがこうだからだ」などと、人のせいにする子が育つことにもつながってしまいかねないからです。


教師になってから今年で36年。多くの子どもたちと関わってきましたし、それと同じだけ親御さんとも向き合ってきました。

そして、子育てに不安をよせる親御さんの声をたくさん聞いてきました。

「子どもとの関係がうまくいかない」「学校といい関係が築けていない」「この子はこのままで大丈夫だろうか」……。

真面目な方ほど、ご自身の子育てに悩み、葛藤されています。

そんなみなさんに、伝えたいこと。それは、

「**不幸にならないで**」。

親として完璧ではない自分を、蔑んではいけません。

まとめ

勝手に不幸にならないで、幸せを感じるスキルを磨こう

それよりも大事なのは、子どもに対する愛情に自信を持つことではないでしょうか。

私が日頃から考えているのは**「不幸になるような理想はいらない」**ということです。

子育てに理想を求めすぎて、子どもたちと過ごせる幸せな時間を、辛い時間にしてしまった方をたくさん見てきました。

むしろ今ある環境に幸せを探せる能力こそ、育むべきではないかと思うほどです。

勝手に理想を掲げて、勝手に不幸にならないことです。

それこそが、将来幸せになる力をつくり出していくはずです。

04

子どもは思うようには育たない

本書では、私が考える子育てのポイントについてまとめますが、前提としてお伝えしたいのは、**親子の幸せな関係が何よりも大切**だということです。

私が本書でお伝えしたことを参考にして、幸せな親子関係が崩れてしまうのであれば、それを守る必要はありません。

なぜなら、**子どもにとって家庭が安心安全な環境であることで、自信がつき、何かに挑戦してみようという気持ちが生まれるからです。**

このことは、最新の脳神経科学の研究からも明らかになってきています。

科学的な側面の説明は次の項目にゆずるとして、うまくいかないことや失敗を叱られ続けた子どもの多くは、挑戦をしなくなっていくことがわかっています。

子どもが新しいこと、今までの自分がやってこなかったことに挑戦していこうとする力は、**「失敗しても大丈夫」という安心な環境があってこそ大きく成長するものです。**

ですから子どもが自律するためにも、親子の幸せな関係性はとても大切なことと言えるでしょう。

とは言え、子育てをしているなかでは、子どもに対してつい感情的に怒ってしまうこと、口うるさく言ってしまうことがあると思います。

ここでちょっとみなさんに質問です。

みなさんがお子さんに対して感情的に怒るのはどんなことでしょうか？

「ぐずぐずしないでもっと早く決めなさい！」「なんでそんなこともできないの？」「もっとこうしたらうまくいくのに」……。

冷静に考えてみるとそれは、あなた自身が「自分のだめなところ」「嫌いなところ」と認識している部分ということはありませんか。

つまりあなた自身が、こだわっている部分です。

多くの親御さんは、自分がしてきた失敗を子どもにさせたくないと考え、「これをしたほうがいい」「あれはしないほうがいい」と言ってしまいがちです。

するとこの価値観が、子どものなかで大きくなり、クローズアップされることになります。自然と子どもも、その部分にこだわるようになるのです。

自分の失敗やだめなところを子どもに投影しても、あまり意味はありません。

親子と言えど、あなたとお子さんは別の人間で、歩む人生もまったく違うからです。

たまにこんなことを言う親御さんがいます。

「自分が口うるさく言うので子どもには嫌われていると思います。それでも構わないんです。自分の子どもだからいつかわかってくれるはずです」

たしかにときを経て、わかってくれる子もいます。

しかしいつか関係が戻るとたかをくくっていたら、取り返しがつかなくなるということも大いにあります。そして私はそんな家庭を山ほど見てきました。

自分の子どもだからこそ、言葉や態度で示さなければ伝わらないのです。

もし仮に本当に嫌われているとしたら、ぜひ一度、お子さんとの関係を見直してみてください。

私が教員人生のなかで大いに参考にしてきた、森俊夫さんと黒沢幸子さんの『〈森・黒沢のワークショップで学ぶ〉解決志向ブリーフセラピー』(ほんの森出版)という書籍では、何かを解決しようとするとき、「①もしうまくいっているのなら、変えようとするな」「②もし一度やって、うまくいったのなら、またそれをせよ」「③もしうまくいっていないのであれば、(何でもいいから)違うことをせよ」と書かれています。

お子さんとの関係がうまくいっていないのであれば、行動や言葉がけを変えることで、関係性に変化を起こしてみることをおすすめします。

毎日怒ってしまうのであれば、ためしに1週間、怒らずに笑顔で家から送り出してみてはいかがでしょう。

最初は何も変化が起きずに、落ち込むこともあるかもしれません。

しかし一度こじれた関係は、1日、2日で変わることはありません。

かけ違えたボタンを一つひとつ外してとめ直すように、お子さんの様子をよく見ながら、辛抱強く接していくしかありません。

「自分から行動するなんて……そんな気持ちにはなれない」という方もなかにはいるかもしれませんね。

そんなふうにあまりにも親子関係がこじれてしまったときは、原点に立ち返ってみてはいかがでしょう。

お子さんが赤ちゃんのときの写真や動画を見返してみてください。

「生まれてきてくれただけでよかった」、その気持ちをもう一度思い出したら、お子さんに対する気持ちが少しは変わるかもしれません。

子どもはあっという間に大きくなり、親元を離れていきます。人間の人生が80年だとしたら、子どもと過ごせる時間はせいぜい20年程度。たった四分の一なのです。

まとめ

苛立つよりも、幸せな親子関係を大切にしよう

05

どんな環境でも挑戦できる強い脳はつくれる

現在、世界で脳神経科学に対する研究が急速に進んでいます。科学技術の進歩により、脳のどの部位がどんな機能を持っているか、また環境やアプローチによって脳がどのような変化を起こすかが解明されてきています。

これを子育てや教育に応用しない手はありません。

麹町中でも、DAncing Einstein代表で、脳科学者の青砥瑞人さんにお力を借り、教育に脳科学的視点を取り入れています。

子どもたちの学びに適した環境や、アプローチの仕方の研究を進めているところです。

そこで私が学んだことをかいつまんでお話しすると、**人は「心的に安全な状態」だと、脳内の思考・注意や、感情のコントロールをつかさどる部分がうまく機能し、思うように行動できる確率が高まる**そうです。

反対に、**「心的に危険な状態」だと、思うような行動が取りにくい**のです。自分をうまくコントロールできなくなるとも言い換えられます。

たとえば、発達に特性があって落ち着きのない子どもが、そのことを叱責されれば、心的に安全な状態が保たれないので、自分をコントロールできなくなります。

ですからこういった子どもへの叱責は、やればやるほど悪循環におちいってしまいます。

勘違いしないでいただきたいのですが、だからといって「親が子どもに一から十まで安全な環境をお膳立てしなければならない」ということではありません。

どんなに親が子どもの心的安全を意識しようとも、社会に出れば誰だって壁にぶち当たります。人には、それを自分で乗り越える力が必要です。

ここで重要になるのが、**人は、自ら、心的安全を生み出せる脳をつくり出すことができる**ということです。

カギとなるのは「メタ認知能力」。

簡単に言えば**自分を俯瞰的、客観的に見る能力**です。

自分の行動パターンや思考パターンを見つめることのできる力、と言ってもいいかもしれません。

自分の心の状態を俯瞰的に見る力があると、自分の感情の動きを予測できるようになります。

さらにその予測したことを言語化する力があれば、**自分をコントロールできるようになるのです**。

たとえば、人がたくさん集まるところで孤独感を覚え、モヤモヤしてしまう人がいるとしましょう。

今から向かう場所に人がたくさんいるとわかった時点で、心はドキドキしてしまい、心的に安全な状態とは言えません。

そんなとき、自分を客観的に見ることができない人は、自分がなぜそのような気持ちになるのかがわからず、対処ができません。

もしかしたらその人は、過去に人がたくさん集まる場で嫌な思いをしたことがあり、そういった場に行くと、自分は軽視される、他の人に埋もれてしまいなかなか発言ができないなどと、無意識に思っているのかもしれません。

人間はこの「無意識」に大きく左右されています。

ある環境ではこう考えやすい、こういうアプローチをされるとこう考えやすいなど、ある程度、自分の感情・行動パターンが決まってしまうのです。

一方で、自分を客観視できる人は、「自分は過去の経験から考えると、人が集まるところが苦手だ」と自らを俯瞰して言語化します。そして、「その場に行くと自分は緊張してしまいそうだ」「嫌な気持ちになりそうだ」と予測を立てることができます。

ここまで予測ができれば、「自分が安心するためには、どんな準備をすればいいか？」を考えられます。

この考え出したアイデアが一つでも二つでも成功すれば、それが自分の解決策になっていくでしょう。

これを繰り返してルーティン化していくと、どんなネガティブな状況に直面しようとも、心的に安全な場を自分でつくり出すことができるようになるのです。

挑戦をし続けるために必要なのは、「気力」や「頑張る力」だと思っている方も多いと思いますが、そうではありません。

自分のネガティブな感情・行動パターンを客観的に見つめて、言語化すること。そして、そうなってしまう自分に対してどんな仕掛けをつくれば、ポジティブな行動パターンを繰り返すことができるか考え、ルーティン化すること。

このように、ネガティブな無意識をポジティブな無意識に書き換えることのほうが、「気力」や「頑張る力」などの精神論よりもよっぽど有益です。

どんな困難な状況でも立ち向かえるように、自分を客観視し、心的安全な状況をつくり出せる子に育てたいものです。

まとめ

自分を客観視できる子どもは強く生きられる

06

親は
いい加減くらいで
ちょうどいい

職業柄、「子育てではどんなことを大切にしてきましたか?」と聞かれることがよくあります。

期待を裏切るようで申し訳ないのですが、私は父親として大事にしてきたことはほとんどないと言っていいです。

その大きな理由の一つは、家では教師としての私ではなく、ありのままの自分でいることを妻も息子たちも許してくれたからです。

とくに長男は親子というより相棒というような存在で、数多くの思い出があります。お風呂に入りながら「2人で母さんを守ろうな」と話したこと、2人で動物園に行ったこと、家庭用カメラで特撮物の撮影の真似事をしたこと。そして4歳下の次男が生まれることを一緒に心待ちにしたこと。

父親としての振る舞いをほとんどしなくてもよかったのは、長男のおかげだと思っています。

同時に私は意図的に、バカな父親の部分も見せるようにしていました。

テレビに志村けんが出てきてスイカの早食いをすれば、家族みんなで真似をしたものです。スイカをぐちゃぐちゃにまき散らしながら、早食いをするあれです。

口の周りもテーブルも床も汚くなりましたが、そんなことは一切お構いなしです。

おもしろいことを一緒にやり、家族で笑いあえる時間は、子どもたちにとって何より大切な時間だと考えていました。

真面目な話はほとんどせず、だめな自分をさらけ出すこと。

そうすることで子どもたちは安心し、親を信頼します。

ダメ父親の言い訳をすれば、家庭内に心的に安全な環境をつくり上げていたとも言えるでしょう。

もう一つ、いい加減な親を公言することで、もし子どもが何かに悩んだとしても、「もっと気楽でいいんだ」ということが伝わるのではないかとも考えていました。

人はどうしても「こうでなければならない」という価値観にはまる生き物です。

子どもは成長の段階で必ずそれを意識します。

しかし「お父さんはあんなにいい加減なんだから、自分もそんなに深く考えなくていいか」と、子どもの心を軽くすることができるかもしれないと思ったのです。

子どもたちは、さまざまな悩みを抱えて日々を生きています。
そのときに**固定化された価値観から子どもを解き放ち、視野を広げることが大人の役目**です。

たとえば、思春期の子どもたちはただでさえ自分の細かなところが気になります。

さらに発達に特性があった場合には、自分がだめな人間なのではないかと気にする場合が多いです。

以前、発達障害の診断がおりた子どもと話したときに、こんなことがありました。

その子の親御さんは「この子は、発達に特性があって、コミュニケーション能力に課題があるんです」と言っていました。

しかし、その子は私とはよく話していたので、次のように伝えました。

「君は自分にはコミュニケーション能力がないと思ってるの？　そんなことないよ。僕とこんなに話せるじゃない。きっと同級生と話しづらいだけじゃないの？　あのね、あとで振り返ればわかると思うけど、こんなに同世代の人間がずっと一緒にいる学校っていうのは、ある意味特殊な時期なんだよ。もしかして息苦しいのかな？　でもあと数年で終わりだよ。大学に行ったら同級生とも急に距離感が出るし、働き始めたら周りに同世代なんてほとんどいないんだから。全然、へっちゃらだよ」

その子はびっくりしていましたが、心なしか顔つきが和らいだように思えました。

大抵の場合、コミュニケーション能力がないと言われる子どもは、同世代の子とのコミュニケーションが苦手ということが多いのです。

大人とはやたらとしゃべったり、小さい子の面倒はよく見てくれたりします。

この子に伝えた通り、年齢を重ねていくにつれて、問題となる環境から離れられることがほとんどです。

まとめ

親が通った道が、正しいわけじゃない

親御さんは自分の子どもが心配なあまり、子どもが傷つかないようにさまざまな場所でこのような説明をします。「この子は、コミュニケーション能力が低いので」。

しかしそうすると、子どもにどんどんその言葉が刷り込まれていき、自分はコミュニケーション能力が低いんだと認識するようになります。

子どもは、大人が気にすることを気にします。

ですから、親御さんは過度に気にせず、できれば子どもたちの視野を広げるような言葉をかけてあげるほうがいいのではないでしょうか。

私は息子たちに求められれば意見をしたこともありますが、最後には必ず「でも、それが正しいかどうかはわからないよ」と締めくくっていました。

どう生きるかは子どもが決めることです。

自分の意見や通った道は必ずしも正しいものではないと、親自身が認識していくことは、子どもが生きていくうえでとても大切です。

07

親密な親子関係が幸せとは限らない

みなさんは、どんな親子関係を理想としていますか？

それは個人によって違うものだと思いますし、どのような理想を描くのも自由ですが、なんでも話し、そして親の言うことをよく聞くような、親密な親子関係に強い信仰があるのではないでしょうか。

しかし前項でもお伝えした通り、親はいい加減くらいでちょうどいいと思います。

「これからの子どもに必要なのは、自律する力」。そう聞けば、何が子どもの自律に役立つのかを調べ、あれやこれやと試し、過干渉になってしまう（結果それが自律を遠ざけてしまうのですが……）。そんな方も多いかもしれません。

しかし、これは私の実感ですが、親が子どもの自律のスイッチを押すことはほとんどありません。自律しやすい環境づくりは家庭でもできますが、きっかけにはならないことが多いのです。

たとえば我が家の次男は、中学生くらいまでは長男に比べ学校のテストの点は低かった印象があります。私も少し心配になって、一度だけ勉強を教えようかと声をかけたことがありますが、間髪入れずに「断る」の一言でした（笑）。

きっとこの子は勉強をしないだろうと思いましたが、何か好きなことを見つけてくれればいいなと、成績についてはあまり触れずに見守っていくことにしました。

しかしある日突然、彼に自律のスイッチが入ります。

いつも一緒にふざけあっている大の仲良しの友人が、ゴルフの大会で優勝したのです。友人がプロを目指し、見えないところで手を抜かない努力をしていたことを知り、自分のことを恥ずかしいと思ったようです。

そこから勉強にも意欲的に取り組むようになりました。

私は家でもそんなに子どもたちと話しませんし、悩み相談を受けることも片手で数えるほどでした。

息子たちが独立し、家を出てからも、定期的に実家に帰ってくる二人を疎ましく思うほどです（笑）（日頃忙しい私は、妻との時間が何より大事だからです）。

「うちの子は何も話してくれない」と悩んでいる親御さんと話すことがありますが、

「気にすることはないですよ」と伝えています。

親子関係が密接ではないことは、別に悪いことではないでしょう。

もちろん密接な関係が悪いというわけではないですが、子どもの育ちにはあまり関係のないことのように思えます。

また、「うちの子は親の言うことをなんでも聞く」というのは、むしろ危機感を持ったほうがいいことかもしれません。

これから必要になるのは、当たり前を疑う習慣を持つことです。

親や先生から言われたことをそのまま守るのではなく、「なんでそんなことをするんだろう？」「もっと効率的な方法はないか」と探るような力が必要になります。

親の言いつけを守り、従順である子どもを育てることが目的になってしまうと、子どもはこのような視点を持てなくなってしまいます。

無駄に反抗をする子がいいというわけではないですが、物事の本質を見誤らないような広い視野が子どもたちには必要です。

まとめ

親の言うことを聞く子どもほど危機感を持とう

08

子どもの問題は大人が勝手につくっている

学校現場では、小学校に入ったばかりの子どもたちが、座っていられずに立ち歩いてしまったり、授業を受けられなかったりということが問題視されることがあります。

これは「小一プロブレム」などと表現されるので、子どもに問題があるかのように見えますが、**大人が「問題だ」と定義するから問題になるのです。**

私の推測ですが、「小一プロブレム」という言葉は、小学1年生の指導に困っている学校を支援するために、文部科学省によってつくられた言葉のような気がします。

予算と人を学校につけるために、「小一プロブレム」という定義が必要だったのではないでしょうか。

しかし「小一プロブレム」が問題化されたことにより、その後多くの人が苦しむことになったように思います。

小学1年生の担任はきちんと座ることができない子どもを問題ととらえて、きちんと座れる学級にしなくてはいけないというプレッシャーを抱えます。

幼稚園や保育園では、小学校に入学するまでにきちんと座れる子どもたちにしなくてはならないというプレッシャーがかかってくることになります。

当然、座っていられない子どもたちも、問題のある子と認識されるわけですから、辛いでしょう。

しかし、外国などでは幼い子どもはじっとしていられないものだということを前提に、さまざまな形状や質の椅子を用意しているところもあるほどですし、そもそも授業が子どもにとっておもしろいものであれば、立ち歩かないかもしれません。

子どもの問題とされていることは、ほとんどがこのような構図で生まれています。

「不登校」という言葉も同様で、学校に行くことが当たり前ではなく、「大人になるための手段の一つに過ぎない」という認識になれば（もしくはホームスクーリングでもいいという認識になれば）、不登校という概念そのものがなくなるでしょう。

家庭ではとくに、**親がよかれと思ってかけた言葉が、子どもの問題をつくっていく**ということもあります。

問題はどのようにつくられていくのか、その例を見てみましょう。

次にご紹介するのは、34ページでも登場した『〈森・黒沢のワークショップで学ぶ〉解決志向ブリーフセラピー』（ほんの森出版）に出てくる例です。

問題がどのようにつくられるかということを説明するために、少し誇張されたつくり話ですので、それを踏まえてお読みください。

あるお母さんと娘さんの夕食時の話です。

このお母さんは非常に観察力が高く、普段は1分間に120回噛む娘さんが、その日は90回しか噛まないことを発見します。そこでお母さんは「あれっ、どうしたの。食欲ないの？　具合悪い？そういえばちょっと顔色も青いわね」と言います。そう言われた娘さんは「そういえば私今日ちょっと、食欲がないかも」と思い始めます。」と言うお母さんに、「そういえば学校でA子ちゃんに気になることを言われた。うまく答えられなかったときに先生にも嫌味を言われた」と、娘さんはその日を振り返ります。

その後も、お母さんの原因探しは続きます。「あっ、そうか。あと1週間で期末試験だよね。今度、自信ないの？　あなたはもう中3で、受験も控えてるのに、今からこれだと本番に困るわね……でも、あまり焦らないほうがいいわね。ご飯なんて食べたくなかったら食べなくてもいいのよ。具合が悪いときは、バッと吐いちゃえば楽になるから」。それを聞いている娘さんは、どんどん不安を高めていきます。

「たしかにそうかも……高校受験どうしよう。吐いちゃえばいいかな」と娘さんが言うと、お母さんが「うん」と答え、娘さんはトイレに駆け込んで今まで食べたものを吐いてしまったのです。

いつもより、物を噛まない娘さんを観察していたこと自体はいいのですが、そのことに「食欲がない」「受験ストレスがある」と意味付けしたことにより、娘さんに意識をさせてしまい、問題をつくり上げてしまいました。

この本の事例は少し極端なたとえですが、ここまでではなくても、**よかれと思ってかけた言葉が子どもに多大な影響を与えていることはあります。**

みなさんも日常生活のなかで、お子さんのことを心から心配してねぎらいの言葉をかけることがあるかと思います。

「受験勉強、大変でしょう？」「疲れたでしょう？」……。

もちろん、本当に子どもが疲れているときに、そのような言葉をかけたくなる気持ちはわかるのですが、こういった言葉が子どもの問題をつくり上げてしまいます。

ねぎらう気持ちでかけた言葉が、受験勉強は大変だと刷り込ませたり、そこまで疲れていなくても「たしかに疲れたかもしれない」という意識を与えたりと、子どもの意識を変えてしまうのです。


みなさんがもし、お子さんの問題だと認識している点があるとするならば、それが何かによってつくり上げられた問題ではないか、視野を広げてみる必要があるかもしれません。

まとめ
子どもが気にしていないことは、あえて指摘しない

09

あえて言葉にしないほうが、うまくいくこともある

子どもの問題が大人によってつくられるということを、前項でお伝えしました。

そのことに実感があった私は、自分の子どもにそういった影響を与えないように、自身の行動や言葉に注意をしていました。

その結果、親が過剰に反応したり、言葉にしないほうがうまくいくことも多いということがわかりました。

私は自らが子育てを始める前に、ある仮説を立て、ちょっとした実験をしようとしました。

「子どもが転んだときに、親があわてて駆け寄れば子どもは過剰に泣くようになるが、笑顔で見ていれば子どもは平然としているのではないか」という仮説です。

そこで、息子が転んだときに、私は駆け寄らずにただ笑顔で見守っていることにしました。

すると、息子は何事もなかったように、泣くこともなく平然と立ち上がったのです。

息子のなかでは「転ぶ」ということが「たいしたことではない」と認識されたよう

です。

その後も、息子たちが転んでも私も妻も大騒ぎせず、自力で立ち上がったときに笑顔で見ていることを心がけました。

これが功を奏したのかわかりませんし、生まれ持った性格もあるのかもしれませんが、実際、彼らはどんなときにもあまり泣くことはありませんでした。

親には「いい親でいなければならない」という強迫観念のようなものがあります。それゆえに、子どもが転んだときに駆け寄って「大丈夫?」「痛かったね」と声をかけるなど、過剰に反応してしまいがちです。

しかし、そのような行動こそが子どもが過剰に泣いたり、落ち込んだりする反応につながっているように思います。

親の何気ない言葉は、あなたの意思にかかわらず、子どもに大きな影響を与えます。

たとえば、お子さんの友達や、周りにいる子に対して「あの子はだめだなあ」というようなことを言ったことはないでしょうか？

一見、自分の子どもには関係のない言葉のように思えるかもしれませんが、ここから子どもたちは2つのメッセージを受け取ります。

一つは、「あなたは失敗しちゃだめよ」というメッセージ。そしてもう一つは、「あの子は尊重しなくていい子。排除してもいい」というメッセージです。

前者のメッセージは、前述の通り挑戦できない子にしてしまいますし、後者のメッセージは、いじめの原因になりかねません。

どんなに気を付けていても、なかなかうまくはいかないものです。

しかし親の言葉や思いが、子どもの価値観の形成に大きな影響を与えることは、意識しておくべきでしょう。

まとめ

親の何気ない言葉も、子どもには大きな言葉として残る

10

親が社会を否定してはいけない

麹町中では2018年度から固定担任制度を廃止しました。クラス担任を固定せず、学年の全教員で学年の全生徒を見る「全員担任制」を導入しています。

この制度の第一の目的は、教師がそれぞれの得意分野を活かして、「チーム医療」のような体制で生徒たちを見ること。

これにより、生徒の精神面のケアが得意な先生、保護者対応が得意な先生、授業の構成力に長けた先生……というように、状況に応じて柔軟で適切な対応ができるようになりました。

同時に、副次的なメリットも生まれました。

従来の固定担任制だと、学校生活で何かうまくいかないことがあるときに、生徒や保護者、そして教師さえも、原因を担任の先生に紐づけて考えてしまいがちです。しかし全員担任制なら、そのように考えることがなくなりますし、クラスの「当たり外れ」や「勝ち組」「負け組」といった感覚がなくなるのです。

学校で過ごす時間は、子どもたちが社会に出るための準備期間です。

自分で考え、判断、決定をし、行動することができるように、我々大人が学校のなかで練習させてあげることが大切です。

だとすれば、うまくいかないことがあったときに、先生を責めたり学校のせいにしたりするようでは、人任せな子どもになってしまいます。

全員担任制となったことで、麹町中の生徒は、「誰に相談をしてどのように問題を解決するか」を、能動的に考えられるようになりました。

この視点は家庭でも大切です。

みなさんは、何か問題が起きたとき、子どもの前で「社会が悪い」「学校が悪い」というような言葉を使ってしまってはいませんか？

人が自分にとって都合の悪いことを否定したり、排除したりしようとするのは、脳科学の観点から見ても当たり前のことだそうです。

ですから「○○が悪い」という気持ちになってしまうのは当然ですし、私にも他人を批判したくなるようなことはあります。

しかし、子どもの前では可能な限り口に出さないようにしていました。

それをやってしまうと、子どもたちが学校でうまくいかないことを担任の先生のせいにするのと同じように、物事を人のせいにする習慣が生まれてしまうと思ったからです。

親が物事を人のせいにすることを見て育った子どもは、うまくいかないことをいずれ親のせいにするようになります。

とくにもっとも子どもに愛情を向けている母親に、その矛先を向けるというのは、私が子どもたちを見てきた経験上よくあることです。

子どもの前で何かを否定する前に、少しその言葉について考えてみてください。

まとめ

親が物事を否定する姿を見ると、人のせいにする子になる

11

本当の厳しさとは「信用」

以前、勤めていたとある学校では、暴力沙汰が日常茶飯事で、近隣の中学校から「お宅の学校の生徒がうちの生徒に暴力をふるった」という連絡を受けたこともあります。

該当と思われる生徒たちを呼び出し、確認をしたときの話です。

「○○中学から、うちの学校の生徒に殴られたという連絡があったけど、やったのか？」

学年主任だった相棒の先生（7歳も年上の方なので失礼かもしれませんが、私はいつもそう思っていました）と一緒に、生徒たちに聞いてみました。

すると、彼らはみな首を横に振り、「やってない」と断言。何度聞いてもやっていないと言う彼らを信用し、私たちは相手方の中学校へ向かいました。

しかし結論から言うと、彼らは本当に暴力をふるっていたのです。

相手方の学校の先生方との話し合いの場で明らかとなり、私たちはショックを受けながらも、謝罪をしてその場をあとにしました。

「あいつら、もう絶対に許さない」

帰りの電車のなかで、相棒の先生は怒り心頭でした。その気持ちは十分わかりましたが、私はこう伝えました。

「彼らは、小学生のときから教師や親に怒られ、信頼されずに生きてきている。そういった生徒と、いきなり信頼関係をつくろうとしても難しい。長い時間がかかるはず。彼らは怒られないように嘘だってつく。それでもいいじゃない」

嘘をついた、他の子を殴った、というのは、たしかにほめられた行動ではありません。しかしここで叱ったところで、彼らが変わることはないと私は感じていました。

よくない行動を叱ることはたしかに必要なときもありますが、それで子どもたちが簡単に変わったりはしません。

厳しく叱れ、毅然として叱れ、などという言葉が教育の世界では聞かれますが、私はそうは思いません。

本当の厳しさとは、**この人には信用されたいと思わせること**ではないでしょうか。

信用されることは、非常に心地のよいものです。

その心地よさを知っているからこそ、信用を失いたくないと人は考えます。

先生と信頼関係を築けていない生徒たちには、叱りつけるよりも、信用し信用される関係をつくっていくことのほうが、大事だと思うのです。


親子関係についても、同じことが言えます。

子どもが「この人に信用されたい」と思うような信頼関係を築くことが大切です。

どんなに未熟な子どもでも、信用している人をがっかりさせたくはないはずです。


私は生徒たちに「信用」についてときどきこんな話をすることがあります。

「ある生徒が『工藤先生は、僕たちを信用していないんですか？』と言ってきたことがあるんだけど、そのとき僕はなんと答えたと思う？

①『もちろん、信用しているよ』
②『信用できるわけないでしょ』
③『そもそも、そんな質問をするな』」

生徒たちにしばらく考える時間を与えてから、私はこう言いました。
「正解は……、どれも全部言ったことがあるんだ！　ちなみに、①のように『もちろん、信用しているよ』と答えたことはほとんどなくて、むしろ②の『信用できるわけないでしょ』と答えたほうが多いくらいなんだよ」

こう答えると、必ずと言っていいほど生徒たちは驚いた顔を見せ、ざわつきます。
「私のことを信用している？」「もちろん！」というようなやりとりは、ドラマや映画などでよく描かれていますから（そして、それが美しいものとして描写されがちです）、同じようなことを私に期待していたのでしょう。

そんな彼らに対して、私は次のように続けるのです。

まとめ

叱りつけるより「信用し信用される」関係をつくる

「信用というのは、大人の世界でも長い時間の積み重ねで少しずつつくり上げられるものなんだよ。そしてやっとでつくり上げた信用も、一瞬でなくしてしまうことがあるんだな。だから、②のように『信用できるわけないでしょ』と答えることのほうが多いんだ」

「③のように『そもそも、そんな質問をするな』と答えることも、よくあるよ。『僕のことを信用していないんですか？』という言葉は、『僕のことを信用してくれ』という言葉と同じで、これはとても覚悟のいるもの。『何があっても、絶対に自分がなんとかする』という覚悟がなければ、言える言葉じゃない。その覚悟がなければ、簡単に使ってはいけないと思うんだ」

大人もドラマや映画の世界に感化され、ついつい子どもに「信用しているよ」と簡単に言ってしまいます。

しかし「信用」は1日、2日で簡単につくられるものではありません。

そんなことも、子どもたちには隠さずに伝えたいものです。

12

ゆとりのない経験こそが、ゆとりの心を育てる

1980年度以降、学習時間を減らしてゆとりを持たせた学習指導要領の改訂が重ねられ、2000年代はとくに「ゆとり教育」が各種メディアで叫ばれていました。1970年代までの詰め込み式教育から一転した、ゆとりを求めた教育です。

当時から私は、「ゆとり」という言葉が何を指しているのかよくわかりませんでしたし、懐疑的でした。

「ゆとり」というのは、「時間的なゆとり」や「仕事量的なゆとり」といった物理的なことではなく、精神的にゆとりを持てるかどうかという「心のゆとり」を重視すべきものだと思っています。

「近頃の中学生は忙しい」とよく言われますが、私が見ている限り、物理的なゆとりは、精神的なゆとりとはあまり関係がないのではないかと思うのです。

たとえば部活や習い事、生徒会活動などでとても忙しい時間を送っているにもかかわらず、その忙しさを楽しんでいるように見える生徒もいますし、ほんの少しのやるべきことをやらないで、精神的に追い詰められてしまう子もいます。

これは子どもだけでなく、大人にも同じようなことが言えます。

毎日のように忙しく動き回りながらも、イキイキと輝いている人もいますし、ちょっとのことでもできないという人もいます。

この違いこそが「ゆとりを感じる心」を持っているかどうかでしょう。

この心は、**精神的にゆとりのない体験のなかでこそ育っていくのかもしれません**。多少、オーバーフローするくらいの厳しい状況を体験することで、時間の大切さを実感できますし、限られた時間を創意工夫して使おうとするからです。

しかしもちろん、すべての子どもが厳しい状況を一人で乗り越えられるわけではありません。途中で投げ出してしまうこともありますし、たとえ続けることができたとしても、最終的には失敗して挫折感や劣等感を抱えてしまうこともあるでしょう。

親はこういった経験がなくてすむように子どもをフォローしてしまいがちですが、**人が大きく成長するには挫折や失敗が必要です**。

成功体験しかしていない子どもは、打たれ弱いものです。たくさん転んだ子どもは骨が強くなるということをご存じでしょうか。骨は負荷がかかるとどんどん強くなることがわかっています。空手家がすねでビール瓶を割れるのは、その究極の姿です。

心も体も傷を負えば強くなっていきますから（とは言え、意図的に傷つけるのはもちろんだめですが）、大人は子どもが失敗することを恐れていてはいけません。

子どもが挫折感を味わっているときに、大人が淡々としていることも重要です。

「失敗から学ぶことがあったのではないか」と視野を広げてあげたり、弱っているときにただ近くにいてあげたりすること。

こういった支援を入れることで、子どもたちは挫折をバネにして飛躍します。

現代のように激しく変化する社会をたくましく生き抜いていくためには、精神的にタフでなければなりません。

ゆとりを感じる心を持った子どもたちを育てていきたいものです。

まとめ

失敗が子どもの打たれ強さの元になる

13

1等賞は称えない

最近は「ほめる育児VS.叱る育児」などと相対する方針のように語られることも多いようですが、**「ほめること」も「叱ること」も、親が子どもに伝える大切なメッセージ**になります。

しかし改めて考えると、どちらも非常に難しいものです。

親として新米の頃は、ほめなければいけないと思ってほめたり、「周りの手前、叱っておかなければ」という気持ちから叱ったりすることもあるかもしれません。

親は子どもをなるべくほめたいと思うものですし、「私は子どもをたくさんほめています！」という方もなかにはいらっしゃるでしょう。

しかし、ときには「ほめる」行為が子どもにマイナスの効果を与えることもありますから、「ほめ方」には注意を払いたいものです。

ではここで、みなさんがお子さんをほめたときのことを少し思い出してみてください。どんなとき、どんなことをほめたでしょうか？

たとえば、「テスト、クラスで1位だったんだって？　偉いね！」「○○小学校のサッカー部に勝つなんて、よくやったね！」といった感じでしょうか。

でも実は、これらはあまりよいほめ言葉ではないかもしれません。

クラスで1位になったことやライバル校に勝ったことは、相対的な「結果」に過ぎません。

なんらかの分野において1位になるのも、他者がいてこその1位であり、競う相手が変われば順位も変わるでしょう。

しかし、結果をほめられ続けた子は、「相対」を意識するようになり、他者と自分を比較するようになります。

すると将来、相手に勝てない、いい結果が得られないといった事態におちいると、**「自分には能力がないから」と嘆いたり、練習することを諦めてしまったりします。**また、**勝負する前から、戦うことを放棄する**ようなこともあるでしょう。


ほめるときに注目したいのは、結果が出るまでの「過程・プロセス」です。

テストで1位を取った子をほめるとしましょう。もちろん、1位という事実も、素晴らしいことです。でもここでは、1位という「結果」には注目せず、「すごいね！　どんな工夫をして、勉強したの？」と、結果を引き出した「過程・プロセス」に焦点を置き、ほめるのです。

そうすると、「わからないところだけ、集中して勉強したんだ」とか、「絶対100点を取ろうと思って、見直しをきっちりやった」など、工夫が見えてくるはずです。

親御さん自身がお子さんの努力の過程を見ておき、「ここがよかったね」と伝えてあげることも大切です。

お子さんのなかで、自分のプロセスが意識されるようになるでしょう。

こうやって育った子どもは、たとえ何かうまくいかないことがあっても、「今回はうまくいかなかったけれど、次はどうすればうまくできるだろう？」と、自分なりのやり方を考えます。

将来にわたってコツコツと努力できる子どもになるというわけです。

まとめ

プロセスをほめられた子は、いざというとき奮起できる

14

なんでもかんでも
叱らない

「叱る」という行為について、みなさんはどのようにお考えでしょうか。

「叱る」というのは、子どもが問題行動を取っているときに、「やめないといけないよ」というメッセージを伝えるためにすることです。

しかし子どもの立場で考えてみると、叱られれば叱られるほど、「やめなければいけない行動をどうやめるか」より、「叱られている状態からどう抜け出すか」が意識されてしまいます。

また、何をしても同じくらい叱られていると、何が一番大切なことなのか、子どもはわからなくなるのです。そうなると、本来のメッセージが伝わりません。

叱るときには、その子が叱られっぱなしにならないようなバランス感覚が必要です。

麹町中を例に取れば、麹町中では生徒に対して服装の注意は一切しません。「服装の乱れは、心の乱れ」などとよく言われますが、その概念自体がないのです。服装、頭髪は国や文化によって変わりますし、髪の毛が茶色でも、パーマがかかっていても、上履きのかかとがつぶれていても、たいした問題ではないからです。

そういった些細なことでは叱りませんが、命に関わること、人権に関わることで生徒が問題を起こしたときは、厳しく叱ります。

叱る内容に優先順位があるのです。

家庭でも同様に、優先順位の低いことであれば、過剰に口を出す必要はないと思います。

何を優先的に叱るかは、各家庭によって異なるでしょう。

服を泥まみれにしてくると叱られる家庭もあれば、むしろ喜ばれる家庭もあります。

私の妻は後者の人間でしたから、息子たちはどんなに泥だらけになっても、叱られたことはありません。

どちらが正しい、間違っているということではなく、**親が気にすることが、その家の概念となっていく**のです。

前述した「子どもの問題は大人が勝手につくっている」と、同じことです。

また、子どもを叱りながらも、最終的に親が手を出すのであれば、叱る必要はないのではないかとも思います。

たとえば、服を脱ぎっぱなしにされることが嫌なお母さんと、服を脱ぎっぱなしにする子どもがいたとき、服を脱ぎっぱなしにせず、きちんと整理できる子になってほしいと切に願うのであれば、約束をつくり、子ども自身が片付けるまでは放っておくことです。

たとえすぐにできなくても、片付けた行為をほめてあげればいいし、もし何度言っても片付けを忘れるのなら、忘れないようにする工夫を自分で考えつくように、助言してあげればよいと思います。

最終的にはお母さんが片付けてしまうなら、子どもが主体的に服を片付けようという気持ちは生まれなくなるはずですから、そのことで毎日叱り続ける必要はありません。子どもを叱る前に、お母さんが片付けてしまうほうがいいのではないでしょうか。

家庭が無駄に険悪な雰囲気になることを、わざわざする必要はないのです。

まとめ

叱る内容には優先順位をつける

15

叱るときは「子ども基準」で考える

「叱る」ときの基準について、もう少し詳しくお伝えします。

前項で、「叱るときには、その子が叱られっぱなしにならないようなバランス感覚が必要」とお伝えしました。

大切なのは、**叱るときに「親基準」にならないようにする**ことです。

親が自分のなかで勝手に「ここまでは許す」「ここからは許せない」と線引きをして、その線を越えたら子どもを叱るというやり方をすると、どこかでひずみが出るでしょう。

たとえば、2人兄弟のご家庭の場合。

「親基準の線引き」で叱る・叱らないを考えると、兄弟でも能力差はあり、できること・できないことに個人差がありますから、もし片方の子だけできないことが多かったとすれば、一方だけがやたらと叱られ続ける、ということになりかねません。

また、発達に特性のある子どもは、感情のコントロールが他の子どもたちよりも苦手なことが多いです。それなのに、「親基準の線引き」で判断すれば、その子は叱られ続けることになってしまいます。

自分の子どもにはついつい感情的になってしまったり、その感情を引きずったりしてしまうという方もいらっしゃるでしょう。

でも、叱るときには一度冷静になり、叱られる本人、つまり**子ども基準で伝え方を考えていただきたいのです。**

厳しく叱るということは、けっして感情的に声を荒らげることでも、脅すことでもありません。もちろん体罰をふるうことでは断じてありません。

日本では、子どもが何かをできなくて叱るときに「頑張ればできる」というような精神論をついつい口にしてしまいがちです。

「頑張ればできるんだから、あなたもやりなさい！」といった言葉です。

しかし前述したように、人は心的に安全な状態でないと、自分をうまくコントロールできません。叱責すればするほど悪循環におちいるだけで、いい結果をもたらすことは稀でしょう。

子どもに成長してほしいと願うのであれば、叱ったり、精神論を説いたりするのではなく、

「**そもそもうまくできないのが当たり前なんだよ**。でも、もしそれであなた自身が困っているなら、工夫をして変えていかないといけないよね。どうすればいいと思う？」

というような、安心感を与える言葉がけが必要です。

人はそれぞれ違います。同じ屋根の下で育った兄弟でも、まったく性格が違うというのはよくあることです。

親は子どもを人と比べないで、その子のありのままを受け入れる努力をし、どう支えていくかを考えたいものです。

まとめ
子どものありのままを受け入れてから、解決策を考える

16

言葉や態度に しなければ、 想いは伝わらない

叱られることが好きな子どもはいません。

そして、叱られた言葉は子どもに強く残ってしまいます。

叱られ続けた子どもは、「自分は悪い子だ」「どうせ自分なんて嫌われている」と感じてしまうこともあります。

また、叱られた子どもは多くの場合、叱られたことを引きずります。なかには、どんな顔を見せたらいいのかと、びくびくしている子もいます。

できるだけ早く、もう怒っていないと伝えてあげることが大切です。


我が家でも、叱ったあとのフォローは意識していました。

息子たちが小さなときにやっていたのは、私が叱るときは妻が、妻が叱るときは私が、子どもたちの視界から消えるというもの。

叱るのもなるべく簡潔にして、終わったあとは叱っていないほうが出ていき、黙って抱きしめるというふうにしていました。

「**お父さんお母さんはどんなに叱っても、君のことを絶対に嫌いにならないよ**」と態度で示すためです。

学校でも、生徒を叱ったあとは必ずフォローをします。

私がよくやったのはこんな方法です。


午前中に叱ったら午後一番、午後に叱ったら次の日の朝一番の授業前に、教室で一人作業をするのです。目線を落として、黙々と作業に打ち込んでいるふりをします。

そしてその生徒が入ってきたところで、目をあげ、視線をあわせます。朝一番なら「おはよう」とか、午後なら「よう」と声をかけます。

あとは普通に接するだけ。叱ったことを掘り返して、とくにフォローしたり説明したりする必要はなく、一言二言、他愛もない会話ができればそれでOKです。

もし、生徒の態度がかたくなであれば「もうおしまい。切り替えよう」などと明るく伝えます。

君のことを嫌いなわけじゃないよ、と言葉や態度で伝えることが大切です。

脳科学的にも、思春期の子どもは大人の表情に対するするどい観察力を持っていることがわかっています。彼らはほんの些細な表情の違いも見逃しません。

それゆえ、「自然な顔を見せる」ことが必須なのです。


余談になりますが、この一言声をかけるだけの行為というのは、本当に効果があります。

教師のことを信頼できていない生徒がいると、学年の先生全員でこれをやっていました。学年の先生全員が必ず一日1回は、その生徒に声をかけるのです。

そうすると1週間もすれば、生徒ががらっと変わります。自分は嫌われていたわけではないのだと気付き、教師と信頼関係が築けるようになっていきます。

アフターフォローはなるべく早めに、集中しておこなうと効果があがるのです。

まとめ

叱ったあとの切り替えは、はっきりと示そう

17

子どもを変える「タイムマシン・クエスチョン」

私が長年、子どもと向き合うなかで、わかったことがあります。

問題行動を起こす子どもに対して、どなったりおどしたりなど恐怖を感じさせる方法では、子どもの行動をけっして変えることはできないということです。

たとえ変わったように見えたとしても、子どもが自律している状態とは言えないはずです。

子どものタイプやどのような問題行動を起こしたかによって、どんな方法がその子にとって有効かは変わりますが、長年私がおこなってきた方法の一つに、「タイムマシン・クエスチョン」があります。

これは『〈森・黒沢のワークショップで学ぶ〉解決思考ブリーフセラピー』（ほんの森出版）にも掲載されている方法で、偶然にもこの本に出合う前から私は同じようなことを、子どもたちに使っていました。

簡単ではないかもしれませんが、ご家庭でも取り入れられますので、ぜひ試してみてください。

たとえばここに問題行動を起こす、中学2年生の男の子がいるとします。その子に未来を想像させるのです。

「20歳になった君は、どんなことをしていると思う？」

「大学生になっている」「彼女がいる」「バイトをしている」……、彼は自由に想像し、答えます。ここからがキモです。

私「じゃあ、大学生になった君は、今みたいな行動をすると思う？」

生徒「もちろんしてないよ」

私「なぜ？」

生徒「格好悪いから」

私「そうか、そりゃそうだよね。**じゃあ、いつ頃（何歳頃に）、君はその行動をやめてるの？**」

ここで子どもたちは、「大人に叱られてその行為をやめるのではないんだ」と気付きます。

将来、自分の意思で問題行動をやめている自分がいることを自覚するのです。

信じられないかもしれませんが、ときにはその瞬間から、問題行動を起こさなくなる子もいます。

犯罪行為や、命を危険にさらす行為を見過ごすことはできませんが、それでもそれをいつまで続けるか選ぶのは子どもたちです。

道を示したり、子どもに強制したりすることは、あまり意味はないのかもしれません。自分で考え、自分で決める、そんな子どもを育てるためには、本人に「選ばせる」ことが大切です。

まとめ

親が「叱る」よりも、子どもに未来を「選ばせる」

18

差別する心は消せなくても、差別しない行動はできる息子が幼稚園に通っていた頃、彼が「自分には嫌いな子がいる」と悩んでいることがありました。息子からすれば、大好きな母親はみんなと仲良くしているのに、同じようにみんなと仲良くできない自分が苦しかったのでしょう。

さらに、幼稚園では「みんな仲良く」と日常的に言われていたようですから「嫌いな子がいる自分は、だめな人間だ」と悩んだようなのです。幼稚園に行きたくないとまで言っていました。

そこで私は、五味太郎さんの『じょうぶな頭とかしこい体になるために』（ブロンズ新社）という本を使いながら、「お父さんにも嫌いな人がいるよ。お母さんにだって、嫌いな人がいるんだよ」と伝えたのです。

息子は目を大きく見開き絶句していました。私と話したあとに妻にも「お母さんにも嫌いな人がいるって本当？」と、確認しに行ったほどです。

最初は信じられないという感じでしたが、そのうち安心できたようで、元気に幼稚園に通えるようになりました。

こんな小さな子でも「立派でいなければならない」という思いを背負って生きているということが、私には衝撃的でした。

この出来事以降、教師としてもこのような思いを生徒に背負わせてはいけないと改めて肝に銘じ、接し方がずいぶん変わりました。「こうでなくてはならない」ということが伝わってしまうような言葉は、使わないようにしたのです。

普段から使う言葉を少し注意するだけで、子どもに伝わるメッセージは変わります。

たとえば「みんな仲良く」という言葉も「みんな仲良くしなければならない」ではなく、「人と仲良くすることは難しいものだけど、仲良くできたら素敵だね」という言葉なら、子どもたちが受け取るメッセージはまったく違うはずです。

ちなみに、息子が悩んでいたとき、こんなことを付け加えました。

「お父さんにも嫌いな人がいるけれど、だからといってその人に意地悪はしないよ。きちんと挨拶もするし、本人に嫌いだと言ったりはしないよ」

まとめ

心と行動は切り分けて、「よい行動」をする

心と行動を切り分けることは大事なことだと、きちんと伝えておきたかったのです。

人は、差別をする心は消せないかもしれません。

私だって聖人君子ではないですから、誰かを差別しそうな考え方が頭をよぎることもあれば、息子にも伝えたように嫌いな人だっています。

ただ、たとえそんな心は消せなくても、どんな言動が差別になるのかを知ることさえできれば、差別しない行動を取ったり、嫌いな人ともうまく人間関係を築いたりすることはできます。

脳科学の知見から考えてみると、人の「無意識」は同じ行動を繰り返すことによってつくられます。たとえ一度固定化された無意識（それが「心」と言えるでしょう）であっても、別の行動を繰り返すことによって書き換えられることがわかっています。「みんな仲良く」という理想論を子どもに押し付けて苦しませるよりは、「心と行動は切り分けられる」ということ、そしてだからこそよい行動をするのだということを、伝えたいものです。

19

嘘も大切なコミュニケーションスキル

子どもたちの周りには、心の教育に関する言葉があふれています。

前述した「みんな仲良く」もそうですが、「心をひとつに」「嘘をつかない」など、挙げればキリがありません。

そして、これらの言葉にとらわれている方が、とても多いと感じています。

子どもが小さいうちはたしかに心の教育も大切ですが、それを言葉で教えるのはなかなか難しいのではないかというのが私の実感です。

そしてその言葉の中身についても、少し疑う必要があるのではないかと思うのです。


たとえば「思いやりを持ちなさい」という言葉。

この「思いやり」とは一体なんなのでしょうか。どのような行動のことを言うのか、とても曖昧な言葉です。

私は高校生くらいの頃から哲学が好きで、周りの友人とディスカッションをして夜を明かすことも少なくありませんでした。

「思いやり」という言葉にも引っかかりがあり、自分なりにずいぶん考えてみましたが、考えれば考えるほど簡単には使えない言葉だと感じます。

そして「嘘をつかない」という言葉。これは本当に大切なことでしょうか？

たとえば、あなたが誰かからお土産をもらったとしましょう。それがあまり好きなものではなかったとき。あなたは「ああ、これ嫌いなんだよね」と言うでしょうか？

また、誰かの家で夕飯をごちそうになり、あまり口にあわなかったときに「おいしくないです」と言いますか？

そう考えると、嘘をつくことで人を幸せにすることもあるのではないでしょうか。

進んで子どもたちに伝えたことはありませんが、**嘘をつくことも、コミュニケーションスキルの一つと言えると思います。**

「自分に嘘をつかないことが大切！」という言葉もよくわかりません。

そもそも「自分」がどういう人間なのかもよくわからないですし、自分の欲求や気持ちに正直になることはそんなにいいことなのか疑問です。少し辛いときや疲れているときに周りの人から「辛そうだけど大丈夫？」と聞かれ、「大丈夫」と自分に嘘をつくことは、大事な社会的な要素なのではないかと思うのです（もちろん、無理をしなさいということではなく、体調の変化には気を付けるべきです）。

嘘をついて人の物を盗ったり、自分のなかにある良心に背いたりするというのはほめられたことではありません。

ただ、**心の在り方よりも、実際にどんな行動をするかのほうが大切だ**ということは、子どもたちに伝えていかなければなりません。

「困っている人を助けたいけれど、勇気がなくて実行できない人」と、「ずるい気持ちがきっかけかもしれないけれど、困っている人を助けた人」がいたら、私は後者のほうが価値があると思うのです。

まとめ
ドラマやアニメの価値観はしょせん綺麗事

ドラマやアニメの世界のなかのような、理想的すぎるほどの価値観を子どもに押し付ける大人は少なくありません。こういった価値観からくる言葉は、子どもにとっていいものだと思われるからでしょうか（大人だって、守れないのに……）。

そんな言葉を鵜呑みにして、苦しんでいる子どもがたくさんいます。耳障りのいい言葉こそ、それが子どもにどんな影響を与えるか考えてみる必要があるでしょう。

20

偽善者でいいんだ

人は、ときに自分の行動が周りからどう思われるかを気にします。

中高生くらいだと、とくにその傾向が強く、よい行いをした生徒に対して周囲の人間が「偽善者」と揶揄することがあります。

しかし私はいつも「**偽善者かどうかを考えることこそ無駄。そもそも、人によく思われたいって素敵なことでしょ**」と伝えています。

この「偽善」という言葉を紐解いていくと、人間が「心の在り方」にいかにこだわっているかがわかります。

ここでまったく正反対の「偽悪」という言葉をご紹介します。

この言葉は私が大学時代に読んだ絵本、『きつねのざんげ』(安野光雅・著/岩崎書店)のあとがきで知った言葉です。

偽善と偽悪。

一見、相反するように見えるこの2つの言葉ですが、実はまったく同じものなのではないかと私は思ったのです。

「偽善」というのは簡単に言えば「いい子ぶる」というようなイメージで、周りによく思われたくて善行をすることを意味します。それが周りから見たときに、その人の「本当の姿」と乖離があるために、「偽善者だ」と揶揄されるわけです。

「偽悪」は簡単に言えば悪ぶること。周り（とくに身近な仲間）に「いい子ぶってる人間だ」と思われたくないために、わざと悪いことをすることを言います。

いい子ぶるのも悪ぶるのも、中高生にはよく見られる行動ですが、どちらも自分の周りに**よく思われたい**と思っているからに他なりません。

人からよく思われたくていいことをする「偽善」も、仲間から一目置かれたくて悪いことをする「偽悪」も、行動の中身は違いますが構図は同じです。

「周りからどう思われるか」という他人の心のうちが気になり、行動ができなくなることは、誰にでも少なからず経験があるでしょう。

しかしこういった言葉に振り回されてはいけません。

まとめ

「人によく思われたい」は素敵なこと

大切なことはどんな行動をするかです。

人は行動の積み重ねでこそ評価されていくものだからです。

最近はあまり使われなくなりましたが「お天道様は見ています」という言葉があります。

近くに誰もいなくてもお天道様は見ているのだから、どんなときも悪いことをしてはいけないということを言い聞かせるための言葉ですが、「自らを律して、しっかり生きていきなさい」という素敵なメッセージが込められています。

子どもたちには、自分の心のなかの「お天道様」を意識し、歩んでほしいものです。

21

ゲームに夢中なときだって、生きる道を見つけるチャンス

親御さんからよく受ける相談に、「子どもがゲームばかりしている」というものがあります。

今はゲーム機やスマホの進化により、いつでもどこでもゲームができるようになり、よりゲームにのめり込む子どもが増えてきたことは事実でしょう。

多くの親御さんはゲームをやめさせようと、子どもに言葉をかけると思います。

「ゲームはやめなさい」や、「いつまでやってるの？　いい加減にしなさい！　自分でゲームする時間を決めなくちゃいけないでしょ？」、大体このあたりでしょうか。

では、これらの言葉をかけたとして、その後のお子さんの行動は、どのように変化するでしょうか？

①親の言葉に素直に従い、自らゲームをやめようとする
②親の言うことに納得していないけど、イライラしながらゲームをやめる
③親の言うことを無視して、ゲームをやめない

おおよそは、このどれかに変化すると思います。

これらのうち、どの姿が子どもの自律した姿だと言えるでしょうか。「自分で考え、自分で判断し、自分で決定し、自分で行動する」。これを自律と定義すれば、①は自分で行動していますが、自分で考えてはいないので当然自律した姿とは言えません。②も同様です。
③は自律した姿ではあるけれど、親としては困ったものでしょう。

まずは、ゲームが本当に悪いことなのかどうかという点に着目して、話を進めます。

とくに男の子には「過集中」、つまり一つの物事に過度に集中してしまい、周りが見えなくなってしまう傾向の強いお子さんが多いです。

お子さんがゲームに熱中しすぎていて、声をかけても反応がなかったり、食事や寝る時間を守れなかったりということが続けば、たしかに不安でしょう。


しかし繰り返しになりますが、私が教師として大事にしてきたのは、**子ども自身が、社会に出てから生きる力を見つけること**です。

そのために、このゲームに対する「興味」や「集中」を使わない手はありません。

たとえば子どもがゲームに熱中しているときに、こんな質問をぶつけてみるのです。

「このゲームを攻略するために、どんな工夫をしているの？」

すると子どもたちは、自分がしている工夫について嬉々として話し始めるでしょう。

その答えを聞けば、お子さんの行動パターンが見えてきます。

たとえば敵の情報をリサーチする戦略家タイプなのか、とにかく指先を早く動かす練習をずっとしている努力家タイプなのか。

それはイコール**社会に出てからその子が武器にできる能力でもあります**。

他にも、

「このゲームのおもしろいところってどこ？　教えて」

「このゲームの作者は、どんなところがおもしろいと思ってつくったのかな？」

「どうやったら、このゲームはもっとおもしろくなると思う？」

などと質問すれば、「**子どもが自分の考えを言語化する能力**」も育まれます。

「ゲームについて知らない親」にどう説明すればわかりやすく伝わるのか、子ども自身が研究し工夫するでしょう。

また、ゲーム開発者の話を聞けるイベントに、子どもと一緒に行ってみるというのもいいかもしれません。こんな楽しいことを仕事にして生きている人がいる、大人って素敵だと感じられたら、ゲームだって一概に悪いものとは言えませんよね。

ちなみに、麹町中でも導入している、人工知能型教材「Ｑｕｂｅｎａ（キュビナ）」を開発・提供している株式会社ＣＯＭＰＡＳＳの代表・神野元基さんは、著書『人工知能時代を生き抜く子どもの育て方』（ディスカヴァー・トゥエンティワン）のなかで、ゲームを通して論理的思考力や目標達成力などが育まれると言っています。

「ただゲームを与えて放置するのではなく、お子さんがいま何を考えているのか、脳のどんな領域が訓練されているのかといったことを、継続的な対話や観察を通してしっかり把握しておくことが大切です」とも。

まとめ

子どもが夢中になるものから、長所を見つけよう

親は、自分が通ったことのない道にはどうしても不安を感じてしまうものです。ゲームに熱中する子どもに、不安を覚える気持ちもわかります。

しかし、ゲームでもスポーツでも、熱中できることを持っている子は、自律のスイッチが入るのがスムーズだということも、また事実です。

ゲームを有益な経験にできるかどうかは、親御さんの工夫次第です。

「子どもを管理する」という視点から一歩抜け出せば、子どもを取り巻くあらゆるものが、自律のスイッチを入れる題材になり得るでしょう。

22

食べ物の好き嫌いがあったっていい

みなさんは給食にどんなイメージがありますか？

何より楽しみだったという人もいれば、「残さず食べる」ことを強要され、嫌いなものを無理にでも食べなくてはならず、苦痛だった記憶があるという人もいるかもしれません。今でも、「好き嫌いをしない」「残さず食べる」ということを重要視している親御さんは多いと感じます。

私の育った家庭でも、通っていた学校でも、そういうことはありました。

私の実家では、料理は一人ひとりの皿に取り分けられて出てきたため、すべてを食べきらないと食事が終わりません。私がとくに苦手だったのはニラのお浸し。それが出てくると、「ああ……今日も長くなりそうだ」と絶望したものです。

「好き嫌いをせずに」「残さず食べる」といったことを子どもに徹底したいという方は、なぜ、そのようにしたいのでしょうか。日本にも貧しかった時代があって、その時代のことを大事にしてほしいという思いなのか、マナーなのか……。個人によって思いは異なるでしょうが、その目的をはっきりさせることが大事だと思います。

残さないことを大事にしたいのなら、嫌いなものを出さなければいいでしょうし、栄養面を心配しているのであれば、嫌いなもの以外で補うこともできるでしょう。

わざわざ口にあわない料理を出して残さず食べることを強要することに、あまり意味はないのではないかと思います（あくまでも個人的な考えです）。

口にあわないというのは程度の差でしかありません。世界にはヘビや虫を食べる地域がありますが、突然その料理を出されたら抵抗を感じる人は多いはずです。反対に日本人は納豆好きが多いですが、世界規模で考えれば食べられない外国人のほうが多いでしょう。たかだかそれだけの感性の違いです。

そして食文化は、育ってきた環境によって大きく左右されることがあります。

結婚当初、私の妻は納豆を食べませんでしたが、それは単に彼女が納豆を食べない家庭で育ったからです。私が食べるので一緒に食べるようになり、「こんなにおいしかったんだ」と話していました。

成長とともに味覚が変われば、食べられるものも増えてくるでしょう。

私にとっては「残さず食べる」ことはそれほど大事なことではなかったので、息子たちにそのようなことを伝えたことはありません。
とくに次男は好き嫌いが多く、自分の決めたものや好きなものばかり食べる子でしたが、妻もそれを直そうとか、無理に食べさせようという気持ちはなかったので、問題になりませんでした。

残さずに食べることを子どもに課し、食事が楽しくない場になるくらいなら、食事が楽しいことのほうがよっぽど有意義だと私は思います。

余談ですが、大人になってからニラには炒め物があるのだと知り、初めて食べたレバニラ炒めには感動しました（実家ではニラはお浸ししか出なかったのです……）。同じ食材でも調理法によって食べられるようになることもありますから、気楽に構えてみてはいかがでしょうか。

まとめ

好き嫌いの是非より、食事の楽しさを知ることのほうが大切

23

汚い言葉遣いから、「言葉がどう伝わるか」を考えさせる

「子どもが汚い言葉遣いをするので、困っている」という声を、ときどき親御さんから聞きます。

私の息子は、思春期にも私や妻に対して汚い言葉遣いをすることはほとんどありませんでしたが（反抗期がなかったということではありません）、それは妻の影響が大きいと思います。

私は多少汚い言葉を使っていたと思いますが、それ以上に妻の人としての在り方が、息子たちに汚い言葉を使わせなかったのでしょう。

しかし、きっと家の外では、汚い言葉を使っていたと思います。

たとえば友達同士で「〜〜じゃねーよな」というような言葉遣いをしていたとしても、とくに不思議はありません。

そして私はそれを大きな問題だとは、とらえていませんでした。

それは言葉というものが、「きれいか汚いか」で問題になるのではなく、**「使った相手がどのように思うか」で問題になるから**です。

仲間同士でふざけて使っているときに、その場に誰も不快な思いをする人がいないなら、さほど問題はないのかもしれません。

言葉というのは、「受け取る相手がどう思うか」が何より大事です。そして1字違うだけでも、受ける印象がまったく変わります。

卒業を間近に控えたある生徒が、卒業式のスピーチの相談にきたときのことです。彼がある一文を読み上げたときに、私は引っかかりました。「(とある生徒のことを)僕たちは、戸惑いましたし」という文章です。

私がすかさず「『僕たち』でいいの?」と聞くと、彼はすぐに察して「あ、『僕は』のほうがいいか……」と答えました。

彼はとっさに想像したのでしょう。これは卒業式に読み上げるスピーチで、その場には同級生や、その親御さんたちがいるという状況だということを。

そんななか、「僕たち」としてしまえば、自分はそうは思っていなかったという生徒が不快感を覚えるかもしれません。その親御さんも同様です。

そこでその一文に責任を持ち、「僕は」と修正したわけです(このスピーチはこのような細かなアップグレードを経て、会場全体を感動に巻き込む素晴らしいスピーチとなりました。「おわりに」でもご紹介します）。

汚い言葉をもしお子さんが使っていて、それに対して不快になるのであれば、「汚い言葉だからだめ」と伝えるのではなく、**その言葉がどのように嫌なのかを説明してみてはどうでしょうか。**

「そんな言葉を使われたら私は傷つくよ」と言ったほうがお子さんにひびくはずです。

このような機会は、親子で言葉について考えるいいチャンスです。

「同じ言葉を使っても、不快に思う人と思わない人がいるよ。不快に思う人にその言葉を使うということは、攻撃していることと同じだよ」と伝え、ぜひ一緒に言葉というものについて考えてみてください。

一見、親子にとってはよくないと思える出来事も、親が一方的に叱るのではなく子どもと学ぶ機会とすれば、けっして無駄なことではないはずです。

まとめ

言葉は「受け取る相手がどう思うか」で使い分けるもの

24

友達が多いか
少ないかは、
たいした問題じゃない

これまでお伝えしてきたように、私は「みんな仲良く」という言葉には懐疑的です。この言葉に多くの子どもたちが苦しめられてきたことを知っています。この言葉を大人が使うようになると、それが守れない子は苦しいのです。

「友達100人できるかな」などとよく言われますが、今の日本社会では、友達をたくさんつくることが重要視されすぎていると感じます。

半世紀ほど前、私が子どもの頃は、「世の中でもっとも大事なことはなんですか?」と聞かれたときには、戦後間もないこともあり、迷わず「平和」と答える風潮が残っていた気がします。

しかし今、教室で、子どもに同じことを尋ねれば「友達」と答える子が本当に多いことに驚きます。

私が生まれたのは1960年。まだ戦後15年しか経っていなかったので、世の中はきっと平和に飢えていたのだと思います。今の子どもたちが同じ質問に「友達」と答えているのは、きっと友達に飢えているからなのではないでしょうか。

道徳や心の教育も含め、映画やドラマ、アニメなどでは、「友達が大事」というメッセージが強くうたわれています。

そんなメッセージが、皮肉にも子どもたちにさみしい思いをさせてはいないでしょうか。

「友達がいない人はだめなんだ」という価値観が、子どもたちを不幸にしている気がしてならないのです。

親御さんのなかにも、お子さんに友達がいないことを悩んでいる人が多いようで、「この子は一人遊びが大好きで、友達がなかなかできないので困っている」と相談を持ち掛けられることがあります。

そんなときの私の回答は、「一人遊びが好きでも問題ないと思いますよ」。

子どもの頃に一人遊びが好きだったり、友達が少なかったりするからといって、大人になってから苦労するかというと、そうではありません。

その子が持つ興味がどのような将来を導いてくれるかわかりませんから、何か一つのことが大好きでそれにのめり込んでいても、それほど心配することはないでしょう。

とは言え、将来大人になったとき、自分以外の人間とつながり、協働することで、できることの幅が広がったり、人のなかで成長したりすることもありますから、「他者意識」を子どものうちから持たせることができれば、それはそれでとても有意義なことです。こういったときこそ大人の出番なのです。

私が学校で生徒によくやっていた方法をご紹介します。

一人でいることが多い生徒と、その生徒とほとんど接点がなさそうな他の生徒に、一緒の仕事を頼むのです。

そのとき、「2人は友達になったら?」などとは間違っても言いません。

まず、私が一人で遊んでいることが多い生徒に、「そういえば○○が好きなんだっけ? それってどういうものなの?」と聞くのです。

そこでもう一人の生徒が「えー、それ何？」と聞いてくれたらしめたもの。

自分が趣味にしていることに興味を持たれたり、共感されたりすることが嫌いな人間はまずいませんから、話すほうは悪い気はしないでしょう。その生徒が見せるいつもとは違う顔に気付いてくれれば、関係性が広がることもあるはずです。

もしこの2人が友達になれないとしても、問題はありません。

大事なのは、友達をつくることではなく、「他者意識」を持つこと。

その子自身が、自分が打ち込んでいることの楽しさをどう周りに伝えればいいかを考えるきっかけになったり、自分のことに興味を持ってもらえる喜びを感じてくれたりしたら、それだけでいいのです。

これは親御さんにもできるはずです。

友達を連れてくるのが難しいようでしたら、お子さんがのめり込んでいることをやっている他の人に会わせてみたり、その道のスペシャリストの話を聞きに行ったりするのもいいでしょう。

その人たちの活動に刺激を受けたり、同じ趣味について話す楽しさを知ったりすれば、視野がどんどん広がっていき、子どもは他者意識を持てるようになるはずです。

一つのことにのめり込む人を「オタク」などと揶揄する風潮がありますが、子どもにそのような傾向があっても（男の子には往々にしてこういった傾向が強いです）、気にすることはないと思います。

まとめ

友達の有無より「他者意識」の有無

友達がいるかいないかはたいした問題ではありませんし、繰り返しになりますが大人が必要以上に気にすると「友達がいない自分はだめだ」と子どものほうも気にするようになります。

大人がおおらかに見守れば、案外子どもは淡々と過ごせるのではないでしょうか。

25

「習いたがる子」をつくらないことが、子育ての本質

学校で作文を習うときに教わる、文頭の一字下げや、句読点などのいくつかのルール。本書でもそのルールが適用されていますが、これは明治中〜後期にできたものだそうです。

それまでは、日本の文章には段落も句読点もなく、ただつらつらと長いものでした。歴史の教科書に載っているような毛筆の古い巻物なんかをイメージしていただければ、たしかに字下げや「。」「、」といった句読点もないことがわかると思います。

そのような書式は、非常に読みづらいものです。そこで、読者の読みやすさを考え普及していったのが、現在の書式ルールなのだそうです（欧文のインデントなどが、夏目漱石によって小説の文体に持ち込まれたという説があります）。

「読みやすい文章を書く」という、強い目的意識と明確な他者意識を持つことにより、このようなルールが広まっていったことがうかがえるエピソードです。

このように、今の社会にあるルールや技術というのは、誰かの試行錯誤によってつくられたものです。

だからこそ、それが自分にとって違和感のあるものだったり、やりにくいことだったりするのであれば、自分に合うようにつくり変えるほうがいいのではないかと思います。学習方法がそのいい例です。

本来、学習方法は人それぞれで違って当たり前のものです。

学校ではベースとなるような方法を教え、どれを選択するかは子どもに選ばせるべきだと思います。麹町中では効果的なノートの取り方を教えていますが、それを実践するかどうかは自分次第。やりづらいと思ったら、自分なりにカスタマイズして構わないと伝えています。

子どもたちにとって大切なのは、自分に合った効率的な学びの方法を見つけることです。それができれば、「学び」は楽しいことに変わります。

多くの大人はよかれと思って、子どもに宿題をやらせたり、塾に行かせたりします。しかしそのことが、子どもが自分に合った学びのスタイルを試行錯誤する機会を奪うことにつながっているのです。

次第に子どもたちは受け身になり、自分で工夫することを忘れ、ただの「習いたがる子」になってしまいます。これでは自分に合った効率的な学習方法はけっして見つかりません。

子育ては、「習いたがる子どもをつくらない」ところにあるはずです。

ちなみに、私にプレゼンの技術を教えてほしいと相談してくる生徒がたまにいますが、私はこう答えます。

「プレゼンの技術は誰かがつくったもの。君に合う方法を編み出しなよ」

わかりやすく話したり、心をつかんだりする方法は人によって違うはずです。
自分なりの方法を生み出すのはとても大変なことですが、それが習得できたときには、この上ない達成感と自信が味わえることでしょう。

まとめ

与えすぎずに試行錯誤させよう

26

家庭学習の習慣は、子どもの時間を奪うだけ

「家庭学習の習慣をつけさせたい」という親御さんがいらっしゃいます。その習慣をつけるために、何もないのに机に向かわせるという方も、なかにはいるようです。

しかし、もし子どもが家庭学習をせずに、学校で困ることが何もなかったとしたら、その習慣をつけさせることは本当に必要なことなのでしょうか？

社会では「働き方改革」が叫ばれ、効率よく仕事をこなすことが求められるようになっています。それなのに、なぜ勉強に関してだけは1分でも多く時間を割こうと考えるのでしょうか。

学校で勉強をして、家で宿題をして、そのうえ塾にまで行く。宿題などは、学校から出されればやらないわけにはいかないでしょうが、それがどれほど非効率的かということは、認識しておくべきです。

麹町中では、宿題を廃止しました。その理由は、**学習の目的は「わからない」ことを「わかる」ようにすること**だからです。

宿題はできる子にとっては無駄な時間であり、できない子にとってはわからない問題を自分一人で解くという難しさがあります（実際、解けない問題は飛ばしてしまうという子がほとんどです）。

子ども自身が、自分はどこがわかっていて、どこがわかっていないのかをチェックし、わからない問題を学ぶのであれば効果はあると思いますが、学校生活のなかで問題なく過ごせているのであれば、とくに家庭学習に固執する必要はないでしょう。

麹町中でも多くの子が塾に通っていますが、「塾の言うことをすべて鵜呑みにするな」と伝えています。すでにわかっている問題に時間を割く必要はなく、どこがわからないかをチェックして、そこを勉強すればいいのです。

また、2020年には小学校から英語やプログラミングが必修化されることで、早くから子どもに英語やプログラミングに触れさせたほうがいいのではないかと考える親御さんも多いようです。

しかし、子どもにとって必要なことだったり、興味があったりすれば触れさせてもいいと思いますが、強制することにはあまり意味がないでしょう。

まとめ

子どもたちの学習時間にも「働き方改革」を

家庭学習をさせようとする親御さんのなかには、子どもがやりたいことを思いっきりやらせることが不安で、とにかく机に向かわせようとする人がいます。やりたいことだけやっていては、自分に甘い人間になってしまうのではないかと思うようです。

しかし私は、そうは思いません。本を読んでいたい、楽器の練習をしていたい、テレビを見ていたい、そうした子どもの気持ちそのものは、とても自然なもので、何も悪くありません。

そういったのびのびとした時間を過ごすことは、子ども時代の特権でもあります。

親はついつい我が子のことを、自分の考える理想にまで引き上げようと考えてしまいますが、**親が望む生き方が子どもの望む生き方とは限りません。**

子どもが自分で進む道を見つけ、そのときに必要な学びをしていくほうが理想的ですし、親はそうできるように力添えするくらいでいいでしょう。

27

特性に縛られすぎてはいけない

発達障害を持つ子どもの親御さんからの相談が増えています。

子どもの行動に何かしらの引っかかりを感じた親御さんから、病院を受診したほうがいいかとご相談を受けたときには、私からおすすめはしないようにしています。

診断名をつけようとする教師がいると、「診断名をつけてどうするの？ 何をしたいの？」と、その目的を聞きます。

もちろん、その子の特性を知ることで支援の方法がわかる場合もありますし、なかにはその子自身の安全を保つために服薬をしたほうがよい場合などもありますから、専門家の診断を受けることを否定はしません。

ただ、**学校とは本来、多様な子どもたちが一緒に過ごすことで多くの学びを得られる場であるべきです**。

診断がついていてもいなくても、すべての子どもに、どんな支援が必要なのかを配慮できる学校を目指していかなければならないのです。

私が親しくさせていただいている、大空小学校の元校長、木村泰子さんからうかががったお話をご紹介します。

大空小学校は大阪にある公立小学校で、障害がある子もない子も一つの教室で学ぶ、インクルーシブ教育のいわば先駆的存在です。

もっとも木村さんは、大空小学校でおこなってきた教育を「インクルーシブ教育」とは言いません。

「**すべての子どもの学習権を保障する学校をつくる**」ことを理念として、障害がある子もない子も一緒に学ぶことは特別なことではなく、当たり前のことだという姿勢で学校づくりをしてきたからです。

私も多くのことを見習わせてもらっている、本当に素晴らしい方です。

そんな大空小学校での出来事です。

とあるクラスに、「まあちゃん」という重度の「知的・自閉」と診断されている子がいました。まあちゃんは「あー」という言葉で表現します。

まあちゃんが6年生になった4月、まあちゃんのクラスに新転任の先生が支援担当で入ったときのこと。

社会の授業でのグループ学習のあと、授業者が「ノートにまとめましょう」と言い、子どもたちは各々でまとめを始めました。しーんと教室が静まり返るなか、まあちゃんがおもむろに立ち上がって、「あー」と言いながら歩き始めたのです。

支援担当の先生はすかさず「しーっ」と言い、まあちゃんを静かにさせようとしました。

そのとき、まあちゃんのクラスメイトたちはいっせいに顔をあげ、「先生、なんで『しー』って言ったん？」と聞いたそうです。

先生が「みんなが静かに勉強しているから、うるさいでしょ？」と答えると、子どもたちは「先生にはまあちゃんの声が騒音に聞こえるの？」と返したのだとか。

クラスメイトたちは、まあちゃんが「あー」と言ったくらいで集中できなくなるような学び方はするなと教えられてきたので、まあちゃんが大きな声を出すのはまったく気にならなかったのです。

このエピソードはもう少し続きます。

新転任の先生は戸惑いつつも、「まあちゃん、座ろう」と続けました。すると子どもたちは「先生、ほっとき。今、まあちゃんやることがあるから立ってるけど、疲れたら座るから」と言ったのです。

そのうえさらにこう付け加えた子もいたのだとか。

「まあちゃんは『あー』って言ったけど、先生はまあちゃんがなんて言ったと思ったの？」

その先生は何も答えることができませんでした。

すると、みんなは、

「まあちゃんの好きなサイコロがないから、探しにいこうとしたんやないかな？」

と続けたのです。

（まあちゃんは教室の前に置いてあるフェルト製のサイコロを気に入っていました）

まあちゃんは発語ができなくても、子どもたちの間ではコミュニケーションが取れています。

このように子どもたちは、自分たちで適応する力を持っています。

それなのに、**大人や学校が過剰に反応しすぎて、多様な人間がいる場を奪ってはいけない**と私は思うのです。

もちろん麹町中でも大空小学校のようなことができているかというと、できていません。でも大空小学校を卒業した子どもたちを預かることができれば、そんな教室が中学校にも実現できるかもしれないと、強く思っています。

発達障害のお子さんの特徴だとよく言われるのが、コミュニケーション能力に問題がある、こだわりがあるということです。

しかし多かれ少なかれ、誰でもそのような点はあるはずです。

こだわりのない人間なんていませんし、母親から見た男の子というのは往々にして変なものです。

どれくらい変かというと、高校生くらいの男の子でも廊下を歩いていて、届くか届かないかくらいの高さのところに紐がぶら下がっていたら、十中八九ジャンプをしてその紐にタッチしようと挑戦してみるはずです。バカだなあ、と思われるかもしれませんが、飛べるかな、届くかなとか、男の子はそんなことを考えているわけです（もうすぐ還暦を迎える私でさえ、人目がなければそんなことをやってみたい気分です）。

ＡＤＨＤ（注意欠陥・多動性障害）はよく注意力が散漫などと言われますが、逆に集中力がありすぎるとも言われます。

その特性から、次から次へと気になることや興味が移っていってしまうのです。

しかし、私は数多くの生徒たちと接してきましたが、男子生徒には多少なりともこの傾向があると思います（実は私自身も妻と話しているにもかかわらず、まったく別のことを考えていて、内容がわからないということがよく起きてしまいます……）。

診断名がつけられることでその子にとってプラスになればいいのですが、**特性が意識されすぎてしまったり、マイナスの作用が出てしまったりする場合がある**ことも、覚えておかなければなりません。

人間というのは、一人として同じ人間はいません。

社会がもっと多様性について寛容になれば、子どもたちも自然と人間とは多様なものなのだと考えられるようになるのではないでしょうか。

しかしなかには、注意しなければならない特性もあります。それは、特性が強すぎて、今のままだと学校生活に適応できないとわかったときです。

読み書きが苦手な発達障害・学習障害（ディスレクシア、ディスグラフィア）の子どもたちには、大人のフォローが必要になりますから、次項で詳しくご紹介します。

まとめ

過剰に特性を意識させない環境づくりのほうが大切

28

読み書きが苦手でも、活躍する道は必ずある

特性で注意をしなくてはならない点は、読み書きに関することだとお伝えしました。それは今の学校教育が、読み書きを中心とした学びの場になっているためです。読み書きが苦手であれば、今の学校教育現場で学ぶのはなかなか大変なことだと思います。

ノートの取り方を徹底し、それを提出させるといった学習指導は、それがはまらない子には苦痛以外の何物でもないのです。

お伝えしたいのは、**「学び方」は何も読み書きだけではない**ということです。読み書きが苦手なのであれば、その子に合った学習方法を探すことをおすすめします。

現在は「合理的配慮」と言って、障害があったり発達に特性があったりしても平等に勉強ができるよう、環境整備などの配慮をすることが学校に求められています。

この合理的配慮により、読むのが苦手だったら音声読み上げソフトを使ったり、書くのが苦手だったらタブレットを使ったりすることもできるはずです。

どんどん発達していくテクノロジーやＩＣＴは、発達に特性があり読み書きが苦手な子どもの助けになってくれます。

ただ、残念なことに、学習方法が見つかっても学校が使用を認めてくれないケースもなかにはあるようです。

そのような状態になってしまったら、子どもの合理的配慮を一緒に進めてくれるような、仲間をつくることがまず大事です。

私も何度もお世話になっているのが、東京大学先端科学技術研究センターです。出向くのが難しいようでしたら、同研究センターに所属している平林ルミさんの「平林ルミのテクノロジーノート」(https://rumihirabayashi.com/)というサイトをぜひご覧ください。

おすすめのアプリや、今お持ちのパソコンやタブレット環境を活用して読み書きの助けを得られるような情報が数多く掲載されています。

私が知り合ったアスペルガー症候群の菊田ゆうすけくん(通称ピタくん)は、小学校時代、読み書きがとても苦手で、とくに書くことについて困っていたそうです。

しかし、小学5年生のときに前述の東大先端研の「DO-IT Japan」プログラムに出合い、パソコンを用いることで文字をスムーズに書けるようになりました。中学に入学すると、このプログラムで得たアドバイスを活かし、タブレット型パソコン、ポータブルスキャナ、ポータブルプリンタの3つの機器を持ち歩くようになり、学校生活にほとんどストレスがなくなったと話しています。

テストのときは、配布された解答用紙をスキャナでパソコンに取り込み、「Meta Moji Note」というソフトを使って解答用紙に答えをタイピングで入力していきます。終了後にはプリントアウトをして提出、というわけです。

このように合理的配慮を得られることで、彼の学校での勉強方法が変わっただけでなく、**将来大人になったときの仕事のスタイルを見つけることができたというのは大きな成果です。**

社会に出れば、仕事のやり方というのは実に多様です。

学校では手書きの学習が中心ですが、社会に出れば手書きですべての書類を書くということは今やほとんどなく、パソコンを使ったやりとりが多いはずですし、音声入力や音声読み上げをしてくれるアプリの精度は日々進化しています。

こういったものを使っていけば、**読み書きが苦手だとしても社会では十分活躍できるはずです。**

子どもにとって「社会でよりよく生きる能力を身につけること」が大切だと思えば、このように自分に合った仕事のスタイルを学校で見つけ出せることが、理想でしょう。

自分の可能性を知った菊田くんは、小学校の卒業作文にこんなことを書き残しています。

自由へ　～昔思ってた自由と今の僕～

僕はアスペルガー症候群。世で言う「障がい」を持っている。読み書きが困難で苦労した。昔の僕は自分の障がいを嫌い、そして自分を嫌っていた。だから僕は、自由を欲しがった。

二年生の時、授業中脱走し、隣の公園で遊んでいた。それも自由を欲しがっての行動だと、今は正直に思う。当時は、自分に嘘をつき、分かる理由も分からないようにしていた。

三、四年の時はもっと自分への攻撃がエスカレートした。「自分は死んだ方が良い」、「自分はバカだ」、「誰も必要としていない」色んなことが僕の心に浮かんだ。クラスメイトに「死ね」と言われて、本当に窓から飛び降りようとした事もある。その時は、担任の先生に止められた。「障がいが無ければ苦労しない、こんなに苦しい思いをしなくて済む。」そんな話を先生にした。先生は「自分も自殺しようと思ったこともある。でもいろんな人に会って考えが変わった。」と返してくれた。僕の自由は人にある。人と関わることで自由を手に入れる。そう思った。でも当時は友達がいなかった。遊んでくれる人はいたけど、そこでトラブルになり、そのあと話してすらくれなくなった。

そんな思いで四年生を終え、五年生になった。クラス替えだった。嬉しかった。人と関われる、自由になれる、障がいで困ることもない。そんな確信の無いことでもよかった。五年の五月、早速自分の事を伝えた。理解してくれるかドキドキだった。そしてワクワクしていた。皆はおそらく理解してくれた。五年のある日に「ピタって自由だよね」と言われ嬉しかった。「自由に近づけた」そう思った。

でも、読み書きには不自由があった。昔から字を書くのにすごくイライラし、漢字の宿題をやったことはほとんどなかった。そんな五年の夏「DO－IT」と言うプログラムに参加した。そこでは読み書きが不自由な子達にipadを渡し、学校で活用出来るよう教えてくれる。そこでipad の使い方を習い、「これなら僕も板書を写せる。」そう思った。それと同時に悔しかった。この事をもっと早く知っていればここまで苦労しなかった。もっと早く自由になれた。時間を返せ。でも誰も時間を取ってない。返せと言っても返って来ない。時間はそう言う物だ。そこに気がついた時、少し悲しくなった。いろいろ進歩があった一年だった。

六年になり、ipadを学校で使わせてもらえるようになり、読み書きの不自由もなくなった。これでやっと開放された。自分を少しだけ好きになれた。荷が下りた感じがして楽になった。

楽しくない日はあったけど、進歩がない六年間じゃなかった。そう実感する。これからは、「人と関わる」だけでなく「信頼できる人」を数人でいいからつくりたい。既にいるのかもしれないけど、それが誰なのかは自分でもわからない。そこにチャレンジして行きたい。そう決めている。

一般社団法人読み書き配慮 ウェブサイトより　https://yomikaki.or.jp/

自分のことや、自分の障害が嫌いだった菊田くんにとって、大きな一歩だったと言えるでしょう。

読み書きが苦手なディスレクシア、ディスグラフィアの子どもたちに、漢字の書き取りテストが必要でしょうか？

そういった、現状の学校教育に無理やり適応させるための支援ではなく、将来社会でこの子がどんなスタイルで生きていくのが望ましいかを考え、一人ひとりがその学び方を覚えていくことができる環境を整えていかねばなりません。

まとめ

最新技術を味方にして、将来の仕事のスタイルを見つけよう

29

学べる場所は、学校だけじゃない

不登校の子どもたちが年々、増えています。

文部科学省は、病気や経済的理由以外で年間30日以上の欠席があった場合を不登校と定義していますが、平成29年度の調査によると不登校の中学生は約10万人。ここには当てはまらない、学校に来ても教室に入れない、いわゆる不登校傾向の子どもは、その3倍の30万人にもなると言われています。

そんな背景もあってか、不登校、もしくは不登校傾向の子どもを抱える親御さんのご相談を受けることも多くなってきました。

「どうすればいいでしょうか？」と親御さんに聞かれたとき、私は「別に学校に来なくてもいいのではないですか」と校長らしからぬ発言をするので、驚かれることが多々あります。

繰り返しになりますが、**不登校を問題にしているのは大人たちであり、学校に通うことが大人になるための手段の一つに過ぎなくなれば、不登校という概念はなくなる**と考えているからです。

もちろん前提として、学校は、すべての子どもたちが安心して学校に通えるように配慮をすべきです。

ただ、もしそれでもうまくいかなかった場合は、**学校に行かない状態に過剰に反応することはない**と思うのです。

「そんなことを言っても、不登校になれば内申点が悪くなり、受験にひびく……」「勉強が遅れてしまう」という声が聞こえてきそうです。

しかし、私は断言できます。

もし不登校になったとしても、受験にひびくことはありません。たとえ学習が一時的に遅れてしまったとしても、あとから取り返すこともできます。

経済産業省主催の〝「未来の教室」とEdTech研究会〟というイベントに参加したとき、とある高校生からこんな話を聞きました。

その子は小学1年生から6年生まで病気で入院しており、学校に通えなかった経験があるそうです。入院中は昆虫が好きなので、昆虫の図鑑や『ファーブル昆虫記』など昆虫の本ばかり読みふけったと言います。

中学から学校に通い出した彼は、たしかに少し勉強に遅れがあったそうですが、その後、都立高校に入学。今はバイオの研究をしており、勉強をとても楽しんでいるそうです。

「普通の教科（いわゆる国語や英語）はおもしろくない。もっとこんな研究がたくさんあったらいいのに」と彼は言っていました。

「僕は漢字や文章のつくり方など、国語の分野は昆虫の本を使って覚えました」と。

つまり、「国語の授業を受けなければ、国語の勉強はできない」なんてことはないわけです。好きな本を読んでいれば漢字も文章のつくり方も覚えられるし、誰かに自分の気持ちや考えていることを「伝えたい」という思いがあれば文章を書きたくなります。そのときに漢字がなければ格好悪いと思えば、漢字を覚えるでしょう。

同じ場にいたとある私立高校の生徒たちも、興味深いことを話してくれました。

彼らは週に2時間、自分たちで決めたテーマや先輩から引き継いだ内容で個別に研究をしているそうなのですが、驚くことにその内容は高校生ながらにｉＰＳ細胞などの研究なのです。

そのような高レベルの研究をしていると、日本の論文では物足りなくなり、英語の論文も読む必要が出てきます。そのため、彼らは必要に迫られて英語を勉強するようになるというわけです。

さらに彼らは海外でプレゼンする機会もあり、その際には英語で話す必要がありますから、スピーキングもできるようになります。

これはいつ使うかわからないことを学んでいくのとは真逆のスタイルで、とても本質的な「学び」です。

中学生の不登校の場合、内申点が悪くなり高校受験にひびくのではないかと気にされる方が多いと思いますが、まずもって私立高校の場合は、ほとんどの学校が不登校であることが不利になることはありません。

また、受験制度は各都道府県によって異なるため一概には言えませんが、**東京都の公立高校に限って言えば、同様に不利にならないよう配慮されています。**

内申点とは、定期テストや授業中の関心や意欲をもとに評価される仕組みです。特定の理由があって不登校になった場合は、評価の判断材料がないために、内申点をつけることができません。そのときは、斜線（内申点の記載がない状態）になります。

各高校の採点基準は明示されていませんから、これが絶対に不利にならないとは言い切れないのですが、都の教育委員会が各高校へ、この斜線が受験に不利にならないよう配慮を求めているのは事実です。

親御さんのなかには、どうしても内申点をつけてほしいということで、テストだけは無理にでも受けさせるという方がいますが、**そうやってつけた内申点が逆に受験に不利になるケースもある**ということを知っておいてください（限られた評価の材料で内申点がつくよりは、斜線となり、学力検査だけで全体の評価をしてもらうほうが、有利というイメージです）。

また内申点が斜線の場合、都立高校の推薦入試を受験することはできませんが、過去には私立高校の推薦入試を受験した事例があります。

私立高校に直接連絡し、不登校で内申点がついていない生徒の事情を伝えたところ、事前に本人・保護者と面談をしてくれ、本人の強い志望動機を認め、推薦入試を受けさせてもらったのです（そしてもちろん合格しました）。


さらに、そもそもの話になりますが、私はつねづね保護者のみなさんに「大学進学を目指すなら無理をして高校に行くこともないですよ」と伝えています。

大学に行きたいのであれば、高卒認定（高等学校卒業程度認定試験）を受ければいいのです。


私のかつての教え子である株式会社アドウェイズの代表取締役社長・岡村陽久くんは、高校を中退しています。

先日会ったときに中退を決めたときのことを改めて聞いてみました。

彼は中退するかどうか悩んだとき、さすがに不安だったため、書店で高卒認定の問題集を見てみたのだそうです。するとその問題がとても簡単だったので、「なんだ、こんなに簡単だったらいつでも大学に行ける」と思い、中退を決めたのだとか（高卒認定の受検資格は満16歳以上ですが、大学受験資格を得られるのは「18歳に達した日の翌日」からなので、実際には高校3年生と同じ年で大学受験が可能になります）。

麹町中の卒業生のなかには、成績がトップクラスの子で、名門進学校の日比谷高校に進学するか、通信制高校の「N校」に進学するか悩んだ子がいます。

この子はどうしてもやりたいことがあり、それに時間をかけたいと考え、拘束時間の長い全日制高校ではなく、時間に融通の利くN校を選びました。

まとめ
学校でいい点を取ることがすべてじゃない

自分のやりたいことをしっかりと自覚し、自分の道を歩めることは素敵なことです。将来どのような生き方をするかを見つけられる場所が学校以外にあるのであれば、学校にこだわる必要は実はないのです。

30

「読解力」より「伝える力」を磨こう

近年、子どもたちの読解力が低くなったという声が聞かれるようになりました。読解力は一般的に「読み解く力」とされ、とくに「読み」の問題と認識されています。読解力は思考の基礎だとか、読解力をつけるために本や新聞を読みなさい、という論調にはみなさんも馴染みがあるでしょう。

しかし、それでは読み書きが苦手なディスレクシアの人たちは、思考力が弱かったり、コミュニケーション力が低かったりするでしょうか？　そんなことはありませんよね。

ディスレクシアの人たちは読み書きが苦手なぶんだけ、「話す聞く」という能力に長けています。今の時代はプレゼンテーションスキルが重視されていますから、「話す聞く」力に長けていることは、その子の大きな武器になります。

ちなみに、ハリウッドで活躍するトム・クルーズやスティーブン・スピルバーグもディスレクシアを公表しています。

「読解力」という言葉だけが独り歩きした結果、「もっと読書をさせなければ」と思う親御さんもいるかもしれませんが、そこにこだわりすぎないでいいと思うのです。

コミュニケーションを取る方法は人それぞれです。

自分の特性に合わせて取捨選択することが大切であり、親は一つのことにこだわりすぎずに、自分の子どもの特徴を見極めることが必要です。

「人や社会のなかで生きていくこと」をベースに考えれば、**自分の言葉が相手に伝わっているか伝わっていないかが大事**だと思います。「他者意識」の有無です。

高校生が小学1年生に話をするときに、高校生レベルの言葉を使っていては、伝わりませんよね。

自分の言葉が相手に伝わるかどうかは、相手がどんな人かを知らないといけません。そのことを知るほうが、ずっと意味があるはずです。

日本では、自分の書いた論文や、自分の使った言葉が相手に伝わらないと、理解できない相手が悪いと責める傾向にあります。
しかし論文を読んでいるとあまりにも難解で、わざと難しく書いているのではないかと疑ってしまうほどです。論文は読む相手がいるのですから、相手に伝わるように書かなければならないはずなのに、その視点が抜けてしまっているのです。

今までの日本の学校教育では、「読み解く力」があれば伝える力もつくと信じられてきたので、読解力をあげるために本や新聞を読むようにすすめるばかりで、発信の力を身につける勉強がほとんどされていません。
子どもたちが他者意識を持ち、「伝える力」に磨きをかけることが、これからの時代では求められています。

まとめ

自分の特性に合った「伝える力」を磨こう

31

受験に失敗したときこそ淡々と過ごす

本書をお読みのみなさんのなかにも、お子さんの小学受験や中学受験を検討している方がいるかもしれませんね。

受験をするかどうかはどちらがいい・悪いではなく、各家庭で決めることですし、できるだけいい教育環境で子どもを育てたいという親心はよくわかります。

ただし、受験にはそれなりにリスクがあるということは、心にとめておかなければならないでしょう。

たとえば中学受験をするとなれば、一般に勉強量がかなり増えることになります。最近は受験熱もあって、勉強時間が長い塾が増えているようです。

場合によっては親が夕食のためのお弁当をつくって子どもを塾に連れて行き、22時、23時に帰ってくるという生活を送ることもあります。

小学生ながらに、学校で勉強し、塾で勉強し、なかには習い事をしている子もいて、睡眠時間はかなり削られます。

子どもにとって大きなストレスになりかねないということを、親御さんなら当然ご存じでしょう。

詳しくは書きませんが、さまざまな塾がありますから、家庭ではお子さんの様子を見ながら、精神面のフォローをすることが欠かせません。

また、受験をする場合には、一つ心しておかないといけないことがあります。

「受験は失敗することがある」ということです。

受験にかかわらず、子どもが大きな挑戦をするときの親の役割は、**子どもが「失敗した」「うまくいかなかった」ということを必要以上に背負い込まなくてすむような振る舞いをする**ことです。

本当は動揺していたとしても、親は、それを子どもに見せずに堂々としていることが大切です。

ただ、親がどんなに堂々としていても、周りの子どもたちや塾の影響を受けて、動揺する子もいます。

だからこそ、**「うまくいかないこともあるよ」「人生はまだ何も始まっていないよ」「たいしたことないよ」**と、子どもの心を軽くするような言葉をかけてあげてください。

いつでもそんな言葉が言える雰囲気を、受験の準備期間中から出しておくことが大切です。

同時に、もし本書をお読みのみなさんのなかで、受験の失敗などがきっかけで、親子関係が崩れてしまったというご家庭があったとしても、心配することはありません。

これも人生の通過点の一つだと思って、もう一度親子で歩き出せばいいのです。

親子関係はいつからでもやり直しができるのですから。

まとめ

受験は人生のなかの通過点に過ぎない

32

学校からの呼び出しは、子どもを「叱る」ためじゃない

みなさんは、お子さんの担任の先生とどんなことを話しますか？

三者面談や家庭訪問以外だとなかなか話す機会がない、もしくは何かよくないことが起きたときくらいしか話すことがないという人が、ほとんどかもしれないですね。

この、子どもが問題行動を起こしたときに、それを正すために学校が親御さんを呼びつけるという方法には、私は疑問を持っています。

学校で問題行動を起こす子どもは大抵の場合、学校で先生から責められてきているケースが多いのです。

そんな状態から、親御さんを交えていくら言葉でやめるように伝えても、子どもが変わることはほとんどないでしょう。

そもそも、小学校高学年から中学生くらいの年齢の子に、親が少し接し方を変えたくらいで子どもが変わったりすることはほとんどありません。学校も同様です。

しかしここで、諦めるわけにはいきませんし、まったく方法がないというわけでもありません。

麹町中でも親御さんを学校に呼ぶことはもちろんありますので、その様子を例に、ご説明します。

大抵の場合、来校した親御さんは「ご迷惑をかけて申し訳ありません」と学校側に謝罪をしてくださいます。

そんなとき私たちは、

「いやいや、学校で起きたことなのに、わざわざ来てもらって申し訳ないです」

と、反対に親御さんに対して謝罪します。

また、該当の生徒には事前に別室で、こんな話をしています。

「お父さんお母さんが来てくれてよかったね。君のことが大事なんだね。素敵なお父さんお母さんだね」

悪いことをしたのは自分なのに、親も学校も、自分のことで謝り合っている。

その様子を見た子どもの多くは、必ず何かを感じ取ってくれます。

私たちが親御さんを学校に呼ぶのは、家に帰ってから子どもを叱ってもらうためではありません。

「学校と親が一枚岩となって、ことの大事さを子どもにしっかり伝えること」が大きな目的であり、学校も親もいつもあなたを支えているよ、と伝えるために来てもらっているのです。

親としては、学校に呼び出されたあと、家で子どもを叱らなくてはいけないこともあるでしょうが、それでも大事なのは、**今日みたいなことがあっても私は君のことを嫌いになったりしないよ**、という姿勢です。

こんなことを言ってはなんですが、子どもが問題を起こすのは、親のせいでもなければ学校のせいでもありません。

子どもの社会のなかでのことですから、トラブルは日常茶飯事です。

起こった問題をその子の将来の自律の学びに変えてあげることが大事なのであって、「子どもが問題を起こさないこと」が大事なのではありません。

そのためにも、親御さんと学校は、子どもの成長のためには何が必要なのかを一緒に見極めながら、冷静に戦略を立てていけるような信頼関係を築きたいものです。

たとえば、三者面談もそうです。

三者面談の最高の姿は、学校と保護者、学校と子どもの信頼関係が強くなり、さらに親子関係がよくなることです。

にもかかわらず、実際には生徒の問題点を逐一保護者に伝える教師もいますよね。私からすると、なんのためにそんなことをするの？　という気持ちです。

横で聞いている子どもは、「なんだチクりやがって」と先生に対する不信感をつのらせるでしょうし、聞いている親もおもしろくなく、帰宅後に親子げんかが始まることもあるでしょう。

私は校長として、親御さんたちとお子さん（生徒）の悪いことを報告し合うような関係ではなくて、こんないいことがあったと報告し合う関係でありたいのです。

まとめ

親と学校が信頼し合えば、子どもは変わる

教師が生徒に「この前お母さんから聞いたよ。こんないいことがあったんだって？」と伝えたり、親御さんが子どもに「先生から聞いたけど、こんなことがあったらしいね」と話したり、子どものいい点について伝えあえるような関係が理想です。

子どもが「お父さんお母さんって、先生と仲いいの？」と聞いてきたとき、「うん、仲いいよ」とはっきり答えられる関係でありたいものです。

そうやって信頼し合う関係があって初めて、子どもは学校を安心安全な場所だと認識します。

そうすれば必ず子どもは変わっていきます。

33

約9割の子どもがいじめ加担者

親御さんなら誰でも一度は「うちの子はいじめられていないか」と気にしたことがあるのではないでしょうか。

さて、ここで問いかけたいのは、「いじめ」とは何を指しているのか、ということです。

まずは「いじめ」という言葉の定義についておさえておきましょう。

文部科学省（平成13年1月までは文部省）が初めて「いじめ」の定義をつくったのが、昭和61年のこと。そのときの定義は次の通りです。

①自分より弱い者に対して一方的に、
②身体的・心理的な攻撃を継続的に加え、
③相手が深刻な苦痛を感じているものであって、学校としてその事実（関係児童生徒、いじめの内容等）を確認しているもの。なお、起こった場所は学校の内外を問わないもの」とする。

その後、平成6年に、「学校としてその事実（関係児童生徒、いじめの内容等）を確認しているもの」を削除し、「いじめに当たるか否かの判断を表面的・形式的に行うことなく、いじめられた児童生徒の立場に立って行うこと」が追加されましたが、根本的な概念としては大きな変更はありませんでした。

これが大きく変わったのが平成18年度からです。

「いじめ」とは、「当該児童生徒が、一定の人間関係のある者から、心理的、物理的な攻撃を受けたことにより、精神的な苦痛を感じているもの。」とする。なお、起こった場所は学校の内外を問わない。

注目すべきは「自分より弱い者に対して一方的に」が「一定の人間関係のある者から」に変わり、「継続的」な攻撃でなくても（＝1回だけでも）「いじめ」にあたるというふうに、いじめの定義が広くなった点です。

文部科学省がこのように定義を変えた最大の理由は、いじめによってかけがえのない子どもたちの命が失われるという痛ましい事態が、何度も重なって起きたからです。

そういった子どもたちを救うために、よりいじめの定義を広げて些細なサインを見逃さないようにしようと考えたからであり、これ自体は悪いことではありません。

しかし、次のような調査結果があります。

国立教育政策研究所が、いじめについて特定の数百人の児童を対象に小学3年生から中学3年生までの6年間を追跡調査したもので、「6年間のうちでいじめたことがありますか?」という質問に対し、「ある」と答えた人が87%で全体の約9割。

次に、「6年間のうちでいじめられたことがありますか?」という問いにも、約9割の88%が「ある」と回答しています。

いじめに加担していないし、いじめられてもいないという人は、全体の1割もいないだろうということです。

いじめの定義が広くなってからは、何がいじめで何が単なるトラブルですませられるかの線引きが曖昧になりました。

また、同じ出来事でも、重く受け止めるか気にしないかは人それぞれです。

ですから、いじめについて考えるときは、「いじめかどうか」を特定することではなく、子ども同士のトラブルに対して、大人がどのように支援をするかが大切なのです。

子どもたちの生活のなかでは、どうしたってトラブルは発生します。

そのときに、社会でよりよく生きていくためにも、**子どもが自分の力で解決できる力を身につけること、一人の力で足りなければ周りの力を借りながら解決できるようになること**が求められます。

子ども同士のトラブルに対して、どう仲良くさせるかといった観点から問題解決を進めるのではなく、**このトラブルをどう子どもたちの自律に結びつけるかが最上位目標**だということを、誰もが心にとめておかなければなりません。

たとえば、「一人だけ違うことをしていたのが気に入らなかった」というのであれば多様性について学ぶきっかけになるでしょうし、「ただふざけて遊んでいただけ」

というのであれば、相手との距離感を考えるきっかけになるはずです。

ただ、一番の理想は子ども同士でトラブルを解決することですが、なかには自分の力で解決できないこともあります。

その一つひとつのトラブルに対して、見守ってあげていればいいのか、大人が関わったほうがいいのか、関係機関と連携したほうがいいのか、警察などを含めた学校外の組織が介入しなければならないのか……、大人はそれを見極めながら、上手に子どもたちの自律を支援していくべきです。

まとめ

「いじめかどうか」にとらわれずに、子どもの自律を支援する

34

いじめは客観的事実で解決に導く

この項目では、子ども同士のトラブルのなかでも、大人が介入する必要があるレベル感のものについて深掘りしてみましょう（「いじめ」という言葉は前述の通り定義が曖昧になっており使いづらいのですが、ここからは「程度の重いいじめ」という意味合いで使います）。

そもそも、いじめは発見されにくい構造になっています。

「いじめは絶対に許さない」といった言葉に象徴されるように、いじめは誰にとってもよくないことだということは、確実に認識されています。

それゆえ、**いじめは先生や親の見えないところでおこなわれるのです。**

「いじめられている側」から情報が表に出てこない理由についてもご紹介します。

いじめられている子には、次のようなことが傾向としてあると言われています。

- いじめられていることを恥ずかしく思っている
- いじめられていると伝えて、親に心配をかけたくない

・いじめがひどくなることを恐れて言いたがらない

マスコミなどによくクローズアップされるのは3番目の理由ですが、**子ども自身が周りに伝えたがらないからこそ、いじめは発見されにくいのです。**

だからこそ、教員はアンテナを張って、生徒が隠したがる情報もキャッチしなくてはなりませんし、親御さんもお子さんの変化には敏感になり、些細なサインも見過ごさないことが求められます。

では実際にいじめが発覚したとき、どのように対応していくのがいいのか、子どもからいじめられていると打ち明けられた場合を例に、対応の例を示してみたいと思います。

まず、お子さんに事実確認をします。

このとき、「悪口を言われているような気がする」「無視されているような気がする」という漠然としたものの場合もあります。

しかし大人がしっかり事実関係を確認するところから第一歩が始まりますから、「いつ」「どこで」「誰に」「何をされたか」を明確におさえていく必要があります。

もし「殴られた」などと言われれば、親であれば動揺すると思いますが、「どれくらい？」「どこを？」「何発？」と具体的にしていくことが大切です。

聞くのは辛いでしょうが、この情報で対応が変わる場合もありますから、とにかく情報をクリアにしていきましょう。

このような情報が得られなかった場合は、周りから聞いた情報をもとに判断するわけですが、学校に相談するときは、事実なのか、推測なのか、伝聞なのかの切り分けをおこなってください。

このときは、子どもが嘘をつかないで話せるような環境をつくってあげてください。

一度嘘をついてしまうと、子どもはその嘘をくつがえすことがなかなかできません。ときにはその嘘をつくろうために、嘘を重ねてしまうこともあります。このことを頭のなかに入れておきましょう。

私は多くの子どもに関わってきましたから、「いじめを訴えた側が実は嘘をついていた」ということもなくはありません。

しかしやはり子どもから話を聞くときは、最悪のパターンを想定しておかなければならないと思います。

「お父さんお母さんは絶対に味方だし、先生にもわかってもらうから、安心して話してね。苦しんで学校に行くことなんてないし、一人で我慢しちゃだめだよ」と、伝えてあげることも、場合によっては必要でしょう。

本当にいじめられていて、なかには自分の命を絶とうと考えている場合もあるので、**苦しんでまで学校に行く必要はないと伝えて、お子さんを安心させてあげてほしい**のです。

なお、場合によっては、親がここまで調べる必要もありません。何かがありそうだと感じたら学校に伝えて、前述したことを学校側にやってもらうこともできます。

このとき、お子さんが話をしたくないと言う場合もあるかもしれませんが、話を聞かなければ事実をつかむことはできなくなってしまいます。お子さんの負担のない方法で、事実確認ができるようにしてあげてください。

次に、学校側にこの事態を伝えます。

適切な対応をしてくれる学校であれば、まずいじめられた側の子どもに「絶対に守るから、安心して話してほしい」と言ってくれるはずです。

そして「今もらった情報の客観性を高めるために、第三者の意見が聞きたいんだけど、誰に聞いたらいい？」と聞いてくれるでしょう。

これをせずに教員が第三者だと思われる生徒に直接聞きにいくことは、得策ではない場合もあります。その第三者がいじめた側とつながっていることもあるからです（この事実がいじめた本人に伝わり、結託していじめの事実を隠そうとしたり、最悪の場合「あいつがチクった」と、報復でいじめが悪化したりすることが考えられます）。

第三者の生徒に話を聞くのは、いじめた本人に話を聞く前に第三者による客観的な事実をつかみ、第三者として事実を証明する人がいる状態をつくっておき、いじめた本人が嘘をつけない状況にしておくためです。

第三者の生徒に話を聞くときは、いじめた側に情報が入らないように慎重に動きます。他の生徒の前で「聞きたいことがある」などとは言わずに、たとえば給食の時間に「ちょっと手伝ってほしいことがあるから、昼休みに職員室に来てくれる？」などと伝えるのです。

そして、その子が安心して話せるよう、「秘密は守る。君が嫌なら、君が話したって伝わらないようにするよ」と伝えます（その生徒が話したといじめた側の生徒に伝わってしまう可能性があるかどうかは、必ず確認します。特定されてしまう可能性がある場合は、その情報源の取り扱いについては慎重に進めなければいけません）。

そうして第三者の客観的事実が確定できた段階になれば、いよいよいじめた本人に聞くことができるようになります。

いじめたとされる子どもが複数いた場合には、連絡を取り合わないように同時に、バラバラに聞いていくことが理想ですが、これは難しい作業です。

まとめ

優先すべきことを見極め、段階に応じた支援をする

子どもたちは自分を守ろうと嘘をつくことも考えられます。教員はこのことを解決し、誰にとっても過ごしやすい生活が送れるようになることを目指して、彼らが真実を話してくれるように根気強く続けなければなりません。

ここまできてやっと、どんないじめがおこなわれたかが明るみに出てきます。いわば解決のためのスタート地点です。

もしおこなわれたことが恐喝や暴力などの犯罪であれば、すぐに警察に入ってもらうことも必要でしょう。命に関わる問題であれば、なおさらすみやかに大人が介入しなければなりません。

確実にいじめられた側の子どもを守ることが最優先ですし、積極的に大人が関わりながら、いじめた側を正してあげたいと私は思います。

いじめられた側が泣き寝入りをしないですむような、解決を目指していかなければなりません。

35

本来、子どもは未熟なもの

いじめが発覚したとき、いじめた側がよく主張するのが、次のようなことです。

・やられたからやり返しただけ
・やられるほうにも原因がある
・遊んでいるだけ

この主張は、「親がよく口にしていることをそのまま言っているだけ」という場合が多いのです。

たとえば他の子について何気なく、「あの子、性格が悪いからね」などと子どもの前で口にしていませんか？　こういった考え方の行きつく先が、「やられるほうにも原因がある」という主張です。

たしかに、大人から見たときに、未熟な行動をする子どももいます。

ですが、**本来子どもは未熟なものなのです**。思ったことをそのまま口にしてしまったり、抑制がきかなかったりすることもあります。子どもの性格が悪く見えるのも当たり前のことです。今はまだ、社会性を身につけるための成長途中なのですから。

とくにアスペルガー症候群の子どもには、空気を読むのが苦手で率直すぎる発言をしてしまう特徴があり、相手を傷つける言葉を悪気なく発してしまうこともあります。でもその子が、性格が悪いとは言えないはずです。

大人が子どもたちの振る舞いを、もう少し温かく見守ることも必要ではないでしょうか。


いじめとふざけていることとの境界線はとても曖昧です。

親しい友達とは多少ふざけて遊んでも問題になることはほとんどありませんが、そこまで親しくない人に同じようなことをすると、トラブルになります。

親しい友達に言っていいことと、親しくない友達に言っていいことは違うのです。

私たち大人だって家族や友人には気安く接しても、初対面の人に対しては丁寧な態度になるでしょう。


子どもたちはそうした距離感だって、学んでいる途中なのです。

「誰にでも優しくしなさい」という言葉はたしかに理想的な言葉かもしれませんが、

人との距離感を教えるには妨げになってしまう気がします。

子どもが人間関係の壁にぶつかるのは当たり前のことです。この壁にぶつかりながら、さまざまな経験を通して、人との距離感を学んでいくものだと思います。


いじめに関して最後にお伝えしたいのが、いじめ撲滅の標語でよく使われている「いじめを絶対に許さない」という言葉です。

一見、聞こえのいい言葉に感じるかもしれませんが、私はこの言葉は人に対してとても冷たい言葉のように感じます。


「いじめを絶対に許さない」ということは、謝っても許されない、反省しても許さないという言葉に聞こえてしまいます。

そもそもいじめを起こさないために使われるようになった言葉ではありますが、こう言われる環境で育っている子どもたちからすると、はたして正直に「私、あの子をいじめてしまいました」と言えるでしょうか。

とくに平成18年度、いじめの定義が変わってからは、とても広い範囲でいじめを定義するようになりました。何が人を傷つける言動かということは、大人でも気が付かないことがあります。子どもだったらなおさらです。

言葉で「みんな仲良く」や「いじめを許さない」「いじめをゼロにする」などと言っても、いじめはなくなりません。

ましてや、この多様性を排除する言葉がいじめを生み出す原因になったり、いじめを解決できなくする原因になったりするように、私は感じています。

麹町中の平成30年度の卒業式のスピーチでは、卒業生代表の荒川聡太郎くんが、同級生について次のように話してくれました（全文は「おわりに」に掲載します）。

『その子は社会が得意で、先生や友達に歴史や地理を語っている姿をよく見かけました。集会や講演会の時には、「はい、はい」とよく手を挙げて質問をしていました。ときには、話をしている人を困らせてしまうような質問をすることもありました。ですので、一年生のうちは、僕は戸惑いましたし、彼を変な目で見てしまっていました。「なんであんなに質問するのだろう」と。

しかし、もし彼が今この瞬間、僕に手を挙げて質問しても、彼を責める人はこの学年にはいないでしょう。なぜなら、僕たちは彼を知っているからです。彼の得意なこと、苦手なことを知っています。それに、最初に手を挙げて質問をするには勇気がいること、質問をするには深い考えが必要なこと、そして彼にはそれが備わっているということ。僕たちは知っています。また、彼の突拍子もない質問から、何かに気付いたり、考えが深まった人もいます。だから僕たちは、彼をリスペクトしています』

大人でも苦労する、「違いを認めてリスペクトする」ということを、彼は15歳にして知り、そしてそれを言語化して伝えてくれました。

私も含め、社会全体でそれができているかということを、大人は考えるべきだと思います。

まとめ

多様性を認めることが、いじめのない社会への第一歩

36

遠慮なく学校、教育委員会と連絡を取ろう

前項までに、いじめの対応方法について細かくお伝えしましたが、それ以外にも気になることがあり、学校側に意見を伝えたいと思うこともあるでしょう。

本来であれば、学校と保護者はそのような意見を交換し、対話できるような信頼関係を築くべきだと思いますが、難しいと感じている保護者の方も多いと思いますので、ここでは学校に保護者の意見を聞き入れてもらうコツをいくつかお伝えします。

①伝えたいことを、事実、推測、伝聞のどれにあたるのか、可能な限り切り分けをおこなっておく
②信頼できる先生を探す（担任でなくてもＯＫ）
③いなければ校長、副校長など管理職へアプローチする
④それでも対応してくれない場合は管轄の教育委員会へ連絡する

いじめの項でもお伝えした通り、まずは伝える情報の切り分けをおこないます。そして可能な範囲で、お子さんにも詳しく情報を聞いてみてください。

これは、確証がないのであれば相談してはいけない、ということではありません。学校側としては、事実確認をしておかなければ対応が進められないため、確実に学校に対応してもらうために必要なことだと思っていただければ、ありがたいです。

そして相談する人を探すわけですが、担任である必要はないので、安心して相談ができ、またしっかり対応をしてくれる先生を探してみてください。

そういった先生がわからない場合は、迷わず校長や副校長に相談しましょう。

校長、副校長に相談しても残念ながら事態が進展しない、または十分な対応をしてもらえないと感じた場合には、遠慮なく管轄の教育委員会（市区町村の教育委員会）へ連絡しましょう。

もし管轄の教育委員会が対応してくれないときは、ご自分の住んでいる自治体の窓口（「市民の声」「区民の声」など）に連絡してみるのもいいでしょう。

校長に連絡するのは気が引ける、ましてや教育委員会へ連絡するのは……、と考える方もいらっしゃるかもしれませんね。

まとめ

信頼できる人を見つけるのがカギ

問い合わせのせいで自分の子どもが不利になるのではないかと、不安になる方もいらっしゃるでしょう。

もちろん、実際には不利になったりすることはありませんが、どうしても不安な場合は、匿名で電話をしてみてください。

その際のポイントは、要件のあとに**「○日にまたお電話しますので、結果について教えていただけますか？」と伝えておく**ことです。

これで、個人が特定されることも、相談事が放置されることもありません。

37

全員が当事者になることで教育が変わる

麹町中の取り組みについて、全国各地からお問い合わせをいただくようになりました。

そのなかには教員や教育関係者からだけでなく、親御さんからの問い合わせも多くあります。そしてよく聞かれるのが「私の子どもが通う学校に、改革を起こしたいのですが、親ができることは何かありますか？」というものです。

正直なところ、保護者の発案で学校を変えていくことはなかなか難しいだろうと思います。しかし、まったく方法がないわけではありません。

それはとにかく「対話をすること」に尽きます。

区長や市長、教育長、校長など、子どもの学校に関わるありとあらゆる人たちと、対話をしていくのです。もし一番上の立場の人と話すことができないときは、その下にいる人でもいいですし、話せる範囲の人で構わないと思います。

麹町中が数々の改革をおこなうことができたのは、問題解決にあたって、子どもも保護者も教員も、たくさんの人たちが問題を解決する当事者になれたからです。

多くの場合、保護者と教員、子どもと教員、さまざまなところに対立が生まれて、風通しが悪くなっています。そうするとお互いに批判ばかりし合うことになり、物事が前に進むことはありません。

先日も、とある方から「自分の勤務する学校で宿題を廃止したいのですが、周りから反対されていて……」と相談を受けました。

宿題を廃止するという一つの手段だけを話題にしてしまうと、一般に対立が生まれてしまう可能性があります。

それよりも、**みんなで一つひとつ改善事項を挙げながらできるものから課題を解決していくことが大切です。**

たった一つのことにこだわって「何が正しくて、何が間違っている」などといった議論をするのではなく、全員で合意できるものから、改善する経験を持ってみてください。

一緒に課題解決をする経験は、お互いの理解を深めます。解決に向け、対話を繰り返すなかで、教育をなんのためにおこなうのかという目的の合意形成をはかることこそが、教育改革の第一歩となるのです。

麹町中においては、「自律した生徒を育てる」ことを最上位目標としています。このことにみんなが合意できれば、たとえば「学力をあげること」一つ取り上げても、ただ補習をすればいいとか、宿題を出せばいいということにはなりません。やらせる学習が、子どもの自律をそいでしまうからです。

だとすれば、「自律を促しながら学力をあげていく方法」について、集中して議論ができるようになります。

ここで、**対立をつくらない、対話における「言葉の使い方」**について、スキルを一つだけお伝えしましょう。

たとえばあなたが、なくしたほうがいいと思っている行事があるとしましょう。このときに「廃止しましょう」と言ってしまうと、対立が生まれてしまいます。

しかし「進化させましょう」という言葉を使い、無駄な部分をまずは縮小していけば、対立は生まれません（縮小していくことでとくに問題がなければ、最後にはその行事がなくなることもあるでしょう）。

麹町中に限らず、日本全国さまざまなところで、保護者と教育委員会、学校が連携を進めている例が見られます。

その一例、東京都日野市の事例をご紹介します。

以前、日野市の教育委員会が大規模な新しい教育構想を策定するということで、教育長と日野市の中学校の校長が麹町中に視察に来られたことがありました。

日野市が他と違っていたのは、その新しい学びと育ちの環境づくり教育改革のなかに、ＰＴＡが加わったことです。視察から数カ月後の２０１９年1月には、日野市の全小中学校の校長や副校長などの先生、そしてＰＴＡ会長などの保護者、あわせて約２００名が参加した、私の講演会の席が設けられました。

講演会のなかでは、一つの学校の教員と保護者が一つの机を囲み、明日からできることはないかと話し合いがなされました。実際この場で話し合うことで、新たな取り組み・仕組みづくりの検討も始まっていると聞いています。

その講演会で私が話したことのなかに、「部活動の仕組み」がありました。部活指導では多くの教職員がボランティアをおこなっており、長時間拘束されています。しかし、そのようなことを保護者が知る機会というのはあまりないものです。

そのような苦労を保護者の方々が少し知るだけでも、保護者と教員が信頼関係を結ぶきっかけになるでしょうし、**お互いが味方だとわかっていれば、たくさんのことができるようになります。**

まとめ

改革は対話からしか生まれない

改革では「みんな違っていい」「でも、全員を大切にする」、この相反する概念を両立させることが大切で、これがとても難しいのです。

実現するには、対話しかありません。この対話にすべての人間をどう関わらせていくか、ここが勝負です。このことができれば改革は遠いものではないでしょう。

おわりに

本書を制作するなかで、改めて考えさせられたのが、「言葉」の大切さです。

我々が使っている言葉が子どもの問題をつくったり、概念をわざわざクローズアップさせたり、またその言葉によって親自身が勝手に理想を抱いてしまったり、それによって不幸になったり……そんなことが本当にたくさん起きているということでした。

本文中でも申し上げた通り、我々が日頃使っている言葉、マスコミなどのメディア、またはドラマや映画で使われている聞こえのいい言葉も、一つひとつしっかりと吟味して使っていくことが大事だと痛感しています。

繰り返しになりますが、私は自分が受け持った生徒にも息子たちにも「みんな仲良くしなくたっていい」ということを伝えてきました。

とくに息子たちには、小さな頃からそのように伝えていましたから、私と、息子たちが通う幼稚園や学校の先生とでは、意見が違うこともあったと思います。

しかし私は淡々としていました。**社会とはそもそも矛盾だらけ**だからです。

私はよく、息子たちに「学校の先生が言っていることが正しいとも限らないし、僕が言っていることが正しいとも限らないよ。でも、そのことについてわざわざ戦うこともないと思う」と伝えていました。

矛盾していることも、意見が違う人がたくさんいるのも、社会のなかに当たり前にあることです。

正解は誰にもわかりませんし、後悔したところで時間を戻すこともできません。運が物事を大きく左右することだってあります。

しかし、私たちも、子どもたちも、その世界を生きていくしかないのです。どのように生きるのか、子どもたちは大いに悩むでしょう。それでいいのです。

私なら、**「悩んで、悩んで、最後は自分で決めろ！」**と、伝えます。

自分で選んだ道を歩んでいたら、たとえ失敗してもそれは子どもたちの大きな力になります。

その決定を自分でさせること、つまり自律した人生を歩むことが、子どもたちにとって何より大切なのではないでしょうか。

今年度で定年を迎える私ですが、改めて、教師という仕事はさまざまな子どもたちに出会うたびに自分を成長させてもらえる、素晴らしい職業だと思います。

きっと子育てもそうなのでしょう。子どもを育てることはけっして簡単ではありませんが、子どもとの間に起きる一見トラブルに見える出来事も、親と子を成長させるきっかけに過ぎず、それを乗り越えるたびに親子は信頼を重ねていくのです。

自分の子育てに自信を持てない親御さんが多いように感じますが、今は通過点に過ぎないこと、いつからでも取り返すことができるということを、けっして忘れないでください。

最後に、本文中でご紹介した麹町中の平成30年度卒業式のスピーチの、全文を原文のまま掲載します。

多様な人間を内包した社会をどう実現させていくのか、必要なすべてがここに詰まっていて、私がこれ以上語る必要がないからです。

このスピーチは、卒業式に参列した人はもちろん、私にもとても大きな感動を与えてくれました。

たくさんの気付きを与えてくれる子どもたちに感謝をして、筆を置きます。

2019年10月

千代田区立麹町中学校長　工藤勇一

千代田区立麹町中学校　第71期　卒業生の言葉

荒川聡太郎

あっという間の3年間、長かった3年間。この3年間は人それぞれのものだったと思います。今日は僕たちの3年間を振り返って、2つの話をしたいと思います。

最初の話は「リスペクト」です。
誰かの考え方、誰かのチャレンジ、そして個性を尊重するということ。この学校では何度も聞いた言葉だと思います。

こうして皆さん一人ひとりの顔を見ていると、僕たちの学年には癖が強い人がたくさんいるなあ、と感じます。給食中、みんなが静かに食べているのに、一人で大笑いする元気なD組の女子。
普段あまり真面目じゃないけど、人前でマイクを持つとマシンガントークができてしまうC組の男子。

いつも悪ふざけしているイメージだけど、体育祭では応援団長として盛り上げてくれたB組の男子。

この学年はさまざまな個性であふれています。

そんな癖の強い子のひとり、とても質問が好きな男子の話をしたいと思います。今からお話しすることは、本人と保護者の方に許可をもらっています。

その子は社会が得意で、先生や友達に歴史や地理を語っている姿をよく見かけました。集会や講演会の時には、「はい、はい」とよく手を挙げて質問をしていました。ときには、話をしている人を困らせてしまうような質問をすることもありました。ですので、1年生のうちは、僕は戸惑いましたし、彼を変な目で見てしまっていました。

「なんであんなに質問するのだろう」と。

しかし、もし彼が今この瞬間、僕に手を挙げて質問しても、彼を責める人はこの学年にはいないでしょう。なぜなら、僕たちは彼を知っているからです。彼の得意なこと、苦手なことを知っています。それに、最初に手を挙げて質問をするには勇気がいること、質問をするには深い考えが必要なこと、そして彼にはそれが備わっているということ。僕たちは知っています。また、彼の突拍子もない質問から、何かに気付いたり、考えが深まった人もいます。だから僕たちは、彼をリスペクトしています。

僕たちの学年の、誰かをリスペクトするという雰囲気は僕も実際に体験しました。それは僕が生徒会長だった時のことです。生徒会長のような大役を務めるのは、僕自身初めてで、心配なことがたくさんありました。最初のころ、特に心配だったのが「周りの目」です。朝会でみんなの前で話すとき、みんなは自分のことをどう思っているのかなあ、と反応ばかりを気にしていました。行事の時も、生徒会の活動の時も、自分がどう見られているのか、周りの目を意識してしまっていました。目立つこと、それは少し悪いことだと思い込んでいたのです。「出る杭は打たれる」と思っていました。

でも、僕は間違っていました。朝会の時、僕は気持ちよく皆さんの前で話ができたし、行事の時も周りの目を気にせずに自由に活動ができました。なぜなら、僕たちの学年が「出る杭を打たない」学年だったからです。誰かが前で発表したり、活動するときでも、それを支える雰囲気が僕たちの学年にはありました。
だからこそ、僕は一年間、生徒会長の仕事を楽しくできました。

個性や考え、そして誰かのチャレンジを否定しない、むしろ尊重し、応援できれば、学校はとても心地よい場所になるといつからか気付きました。足を引っ張る人のいない、そういう環境はお互いを高め合え、成長させてくれる環境なのです。

二つ目の話は「ゴール」です。日本語で言えば、目標、目指すもののことです。
麹町中学校では、行事一つ一つにゴールがあります。僕たちはそのゴールに近づくように準備や練習をしてきました。特に僕たち3年生にとって最後の体育祭はゴールを強く意識しました。体育祭の目標は「全員が楽しめる体育祭」。運動が得意な人も、苦手な人も楽しめるという難しい目標です。この目標に近づくため色々なことに挑戦しました。スウェーデンリレー、ピコピコハンマー騎馬戦、台風の目。応援団をつくったり、何よりチームを東と西に分けました。一つ一つが初めてで、毎日毎日会議室にこもって話し合いをしました。新しい種目はみんなが楽しめるのか、本番どんな問題が起こりそうか。考えることが多すぎて、帰りたくなることも多かったです。

でも、僕たちには明確なゴールがありました。「全員が楽しめる体育祭」そこに向かって準備を進めることができたのです。体育祭の準備を進める中で、様々な壁にぶつかったわけですが、特に大きかったのが全員リレーでした。全員リレーは例年、3年生全員でリレーをする伝統的な種目でした。でも、全員リレーをやりたくない人が毎年いる、というのは事実でした。ですので、全員リレーをどうするかという問題が話し合いの中で上がりました。企画委員のメンバー自身、どうするか悩んだ挙句、3年生にアンケートをすることにしました。「あなたは全員リレーに賛成ですか、反対ですか」というアンケートです。

もし、賛成が100%だったなら、僕たちは全員リレーをやったと思います。でも結果は違いました。10%、約15人は反対と答えました。この結果を見て、また も企画委員は悩みました。

賛成90%、反対10%。多数決だったら、賛成の圧勝です。でも、悩み、話し合いをした結果、僕たちは全員リレーをやらないという結論を出しました。それは、僕たちのゴール「全員が楽しめる体育祭」を実現させるためです。多数決できめるべきではないと、そう決めました。

本番、トラブルもありましたが、僕にとっては今までで、最高の体育祭でした。皆さんはどうだったでしょうか。

一つ一つの行事、活動、そのほか様々なものにゴールを見つける。そうすることで、自分のすべきことが見えてくる。僕は、麹中での3年間でそれを知ることができました。

ゴールは1つの道しるべでもあります。そこに向かっていかなければいけない。全員リレーのように自分の思い通りにはできない。でも、ゴールにたどり着けば、僕たちはもっと上の楽しさ、達成感を味わうことができます。それがゴールを決める本当の意味なのです。

1、2年生の皆さん、これまで僕たちの学年の自慢話をしてきましたが皆さんに伝えたいのは、特に一つ目の話「リスペクト」です。「リスペクト」は学校生活をエンジョイするちょっとしたコツだと僕は思うんです。誰かの悪口を言ったり、からかったりして、楽しいと思っているのは本当の楽しさではありません。むしろ、お互いをリスペクトできる、のびのびとした学校生活はとっても楽しいものです。そのことをたった1、2年しか年齢は違いませんが、先輩として伝えたいと思います。そして、お互い違うステージで頑張りましょう。

先生方、3年間ありがとうございました。

授業以外でも、様々な先生が僕たちを支えてくれたからこそ、今日、僕たちはすがすがしい気持ちで卒業できます。また、毎日給食を作ってくださった、職員の皆さん、主事さん、事務の方々、その他、学校にかかわる全ての方々、三年間ありがとうございました。

地域の方々、様々な場所で僕たちを見守ってくださりありがとうございました。引き続き、後輩たちをよろしくお願いします。

そして、保護者の皆さん。恥ずかしくてお礼を言えない同級生のために、生徒を代表して皆さん全員にお礼をしたいと思います。

15年間、いつもそばで支えてくれてありがとうございました。皆さんの支えなしに、今の自分たちはいません。これから、何があるかわからないけど、よろしくお願いします。

最後に3年生の皆さん。今日までの三年間、そのいつをとっても、僕にとっては思い出です。たくさん笑った三年間でした。時々泣いた、三年間でした。皆さん一人一人に感謝します。

本当にありがとう。そして、また会いましょう。

【著者紹介】

工藤　勇一（くどう・ゆういち）

◉――千代田区立麹町中学校長。

◉――1960年山形県鶴岡市生まれ。東京理科大学理学部応用数学科卒業。山形県・東京都の公立中学校教員、東京都教育委員会、目黒区教育委員会、新宿区教育委員会教育指導課長等を経て、2014年から現職。公立中学校とは思えない数々の教育改革をおこなっているとして、各界から注目を集める。

◉――教育再生実行会議委員、経済産業省「未来の教室」とEdTech研究会委員、教育長・校長プラットフォーム発起人などの公職を歴任。

◉――著書に『学校の「当たり前」をやめた。――生徒も教師も変わる！　公立名門中学校長の改革』（時事通信社）、『麹町中学校の型破り校長 非常識な教え』（SBクリエイティブ）がある。

麹町《こうじまち》中《ちゅう》校長《こうちょう》が教《おし》える
子《こ》どもが生《い》きる力《ちから》をつけるために親《おや》ができること　〈検印廃止〉

2019年10月15日　第１刷発行
2019年12月６日　第３刷発行

著　者――工藤　勇一
発行者――齊藤　龍男
発行所――株式会社かんき出版
東京都千代田区麹町4-1-4 西脇ビル　〒102-0083
電話　営業部：03(3262)8011㈹　編集部：03(3262)8012㈹
FAX　03(3234)4421　振替　00100-2-62304
http://www.kanki-pub.co.jp/

印刷所――ベクトル印刷株式会社

　ISBN978-4-7612-7449-8 C0037